FINLANDÊS

VOCABULÁRIO

PALAVRAS MAIS ÚTEIS

PORTUGUÊS
FINLANDÊS

Para alargar o seu léxico e apurar
as suas competências linguísticas

7000 palavras

Vocabulário Português-Finlandês - 7000 palavras

Por Andrey Taranov

Os vocabulários da T&P Books destinam-se a ajudar a aprender, a memorizar, e a rever palavras estrangeiras. O dicionário é dividido em temas, cobrindo todas as principais esferas de atividades quotidianas, negócios, ciência, cultura, etc.

O processo de aprendizagem, utilizando os dicionários baseados em temáticas da T&P Books dá-lhe as seguintes vantagens:

- Informação de origem corretamente agrupada predetermina o sucesso em fases subsequentes da memorização de palavras
- Disponibilização de palavras derivadas da mesma raiz, o que permite a memorização de unidades de texto (em vez de palavras separadas)
- Pequenas unidades de palavras facilitam o processo de estabelecimento de vínculos associativos necessários para a consolidação do vocabulário
- O nível de conhecimento da língua pode ser estimado pelo número de palavras aprendidas

T&P Books Publishing
www.tpbooks.com

ISBN: 978-1-78400-901-4

Este livro também está disponível em formato E-book.
Por favor visite www.tpbooks.com ou as principais livrarias on-line.

VOCABULÁRIO FINLANDÊS
palavras mais úteis

Os vocabulários da T&P Books destinam-se a ajudar a aprender, a memorizar, e a rever palavras estrangeiras. O vocabulário contém mais de 7000 palavras de uso comum organizadas tematicamente.

O vocabulário contém as palavras mais comummente usadas
Recomendado como adicional para qualquer curso de línguas
Satisfaz as necessidades dos iniciados e dos alunos avançados de línguas estrangeiras
Conveniente para o uso diário, sessões de revisão e atividades de auto-teste
Permite avaliar o seu vocabulário

Características especias do vocabulário

- As palavras estão organizadas de acordo com o seu significado, e não por ordem alfabética
- As palavras são apresentadas em três colunas para facilitar os processos de revisão e auto-teste
- As palavras compostas são divididas em pequenos blocos para facilitar o processo de aprendizagem
- O vocabulário oferece uma transcrição simples e adequada de cada palavra estrangeira

O vocabulário contém 198 tópicos incluindo:

Conceitos básicos, Números, Cores, Meses, Estações do ano, Unidades de medida, Roupas & Acessórios, Alimentos & Nutrição, Restaurante, Membros da Família, Parentes, Caráter, Sentimentos, Emoções, Doenças, Cidade, Passeios, Compras, Dinheiro, Casa, Lar, Escritório, Trabalho no Escritório, Importação & Exportação, Marketing, Pesquisa de Emprego, Desportos, Educação, Computador, Internet, Ferramentas, Natureza, Países, Nacionalidades e muito mais ...

TABELA DE CONTEÚDOS

GUIA DE PRONUNCIAÇÃO

Letra	Exemplo Finlandês	Alfabeto fonético T&P	Exemplo Português
A a	Avara	[ɑ]	chamar
B b	Bussi	[b]	barril
C c	C-rappu	[s]	sanita
D d	Kadulla	[d]	dentista
E e	Pelto	[e]	metal
F f	Filmi	[f]	safári
G g	Jooga	[g]	gosto
H h	Hattu	[h]	[h] aspirada
I i	Piha	[i]	sinónimo
J j	Juna	[j]	géiser
K k	Katu	[k]	kiwi
L l	Lapio	[l]	libra
M m	Muna	[m]	magnólia
N n	Nainen	[n]	natureza
O o	Kova	[o]	lobo
P p	Papin	[p]	presente
R r	Ruoka	[r]	riscar
S s	Suosio	[s]	sanita
T t	Tapa	[t]	tulipa
U u	Uni	[u]	bonita
V v	Vaaka	[ʋ]	fava
Y y	Tyttö	[y]	questionar
Z z	Fazer	[ts]	tsé-tsé
Ä ä	Älä	[æ]	semana
Ö ö	Pöllö	[ø]	orgulhoso

Ditongos

ää	Ihmetyttää	[æ:]	primavera
öö	Miljardööri	[ø:]	orgulhoso
aa	Notaari	[a:]	rapaz
ii	Poliisi	[i:]	cair
oo	Koomikko	[o:]	albatroz
uu	Nojapuut	[u:]	blusa
yy	Flyygeli	[y:]	vermelho

ABREVIATURAS
usadas no vocabulário

Abreviaturas do Português

adj	-	adjetivo
adv	-	advérbio
anim.	-	animado
conj.	-	conjunção
desp.	-	desporto
etc.	-	etecetra
ex.	-	por exemplo
f	-	nome feminino
f pl	-	feminino plural
fem.	-	feminino
inanim.	-	inanimado
m	-	nome masculino
m pl	-	masculino plural
m, f	-	masculino, feminino
masc.	-	masculino
mat.	-	matemática
mil.	-	militar
pl	-	plural
prep.	-	preposição
pron.	-	pronome
sb.	-	sobre
sing.	-	singular
v aux	-	verbo auxiliar
vi	-	verbo intransitivo
vi, vt	-	verbo intransitivo, transitivo
vr	-	verbo reflexivo
vt	-	verbo transitivo

CONCEITOS BÁSICOS

Conceitos básicos. Parte 1

1. Pronomes

eu	minä	[miɲæ]
tu	sinä	[siɲæ]
ele	hän	[hæn]
ela	hän	[hæn]
ele, ela (neutro)	se	[se]
nós	me	[me]
vocês	te	[te]
eles, elas	he	[he]

2. Cumprimentos. Saudações. Despedidas

Olá!	Hei!	[hej]
Bom dia! (formal)	Hei!	[hej]
Bom dia! (de manhã)	Hyvää huomenta!	[hyʋæː huomenta]
Boa tarde!	Hyvää päivää!	[hyʋæː pæjʋæː]
Boa noite!	Hyvää iltaa!	[hyʋæː iltɑː]

cumprimentar (vt)	tervehtiä	[terʋehtiæ]
Olá!	Moi!	[moj]
saudação (f)	terve	[terʋe]
saudar (vt)	tervehtiä	[terʋehtiæ]
Como vai?	Mitä kuuluu?	[mitæ kuːluː]
O que há de novo?	Mitä on uutta?	[mitæ on uːttɑ]

Até à vista!	Näkemiin!	[ɲækemiːin]
Até breve!	Pikaisiin näkemiin!	[pikɑjsiːin ɲækemiːin]
Adeus!	Hyvästi!	[hyʋæsti]
despedir-se (vr)	hyvästellä	[hyʋæsteʎæ]
Até logo!	Hei hei!	[hej hej]

Obrigado! -a!	Kiitos!	[kiːitos]
Muito obrigado! -a!	Paljon kiitoksia!	[palʰøn kiːitoksiɑ]
De nada	Ole hyvä	[ole hyʋæ]
Não tem de quê	Ei kestä kiittää	[ej kestæ kiːittæː]
De nada	Ei kestä	[ej kestæ]

Desculpa! -pe!	Anteeksi!	[anteːksi]
desculpar (vt)	antaa anteeksi	[antɑ anteːksi]
desculpar-se (vr)	pyytää anteeksi	[pyːtæ anteːksi]

As minhas desculpas	Pyydän anteeksi	[py:dæn ante:ksi]
Desculpe!	Anteeksi!	[ante:ksi]
perdoar (vt)	antaa anteeksi	[anta: ante:ksi]
por favor	ole hyvä	[ole hyʋæ]

Não se esqueça!	Älkää unohtako!	[ælkæ: unohtako]
Certamente! Claro!	Tietysti!	[tietysti]
Claro que não!	Eipä tietenkään!	[ejpæ tieteŋkæ:n]
Está bem! De acordo!	Olen samaa mieltä!	[olen sama: mieltæ]
Basta!	Riittää!	[ri:ittæ:]

3. Números cardinais. Parte 1

zero	nolla	[nolla]
um	yksi	[yksi]
dois	kaksi	[kaksi]
três	kolme	[kolme]
quatro	neljä	[nelʰjæ]

cinco	viisi	[ʋi:isi]
seis	kuusi	[ku:si]
sete	seitsemän	[sejtsemæn]
oito	kahdeksan	[kahdeksan]
nove	yhdeksän	[yhdeksæn]

dez	kymmenen	[kymmenen]
onze	yksitoista	[yksi tojsta]
doze	kaksitoista	[kaksi tojsta]
treze	kolmetoista	[kolme tojsta]
catorze	neljätoista	[nelʰjæ tojsta]

quinze	viisitoista	[ʋi:isi tojsta]
dezasseis	kuusitoista	[ku:si tojsta]
dezassete	seitsemäntoista	[sejtsemæn tojsta]
dezoito	kahdeksantoista	[kahdeksan tojsta]
dezanove	yhdeksäntoista	[yhdeksæn tojsta]

vinte	kaksikymmentä	[kaksi kymmentæ]
vinte e um	kaksikymmentäyksi	[kaksi kymmentæ yksi]
vinte e dois	kaksikymmentäkaksi	[kaksi kymmentæ kaksi]
vinte e três	kaksikymmentäkolme	[kaksi kymmentæ kolme]

trinta	kolmekymmentä	[kolme kymmentæ]
trinta e um	kolmekymmentäyksi	[kolme kymmentæ yksi]
trinta e dois	kolmekymmentäkaksi	[kolme kymmentæ kaksi]
trinta e três	kolmekymmentäkolme	[kolme kymmentæ kolme]

quarenta	neljäkymmentä	[nelʰjæ kymmentæ]
quarenta e um	neljäkymmentäyksi	[nelʰjæ kymmentæ yksi]
quarenta e dois	neljäkymmentäkaksi	[nelʰjæ kymmentæ kaksi]
quarenta e três	neljäkymmentäkolme	[nelʰjæ kymmentæ kolme]

cinquenta	viisikymmentä	[ʋi:isi kymmentæ]
cinquenta e um	viisikymmentäyksi	[ʋi:isi kymmentæ yksi]

| cinquenta e dois | viisikymmentäkaksi | [ʋiːisi kymmentæ kaksi] |
| cinquenta e três | viisikymmentäkolme | [ʋiːisi kymmentæ kolme] |

sessenta	kuusikymmentä	[kuːsi kymmentæ]
sessenta e um	kuusikymmentäyksi	[kuːsi kymmentæ yksi]
sessenta e dois	kuusikymmentäkaksi	[kuːsi kymmentæ kaksi]
sessenta e três	kuusikymmentäkolme	[kuːsi kymmentæ kolme]

setenta	seitsemänkymmentä	[sejtsemæn kymmentæ]
setenta e um	seitsemänkymmentäyksi	[sejtsemæn kymmentæ yksi]
setenta e dois	seitsemänkymmentäkaksi	[sejtsemæn kymmentæ kaksi]
setenta e três	seitsemänkymmentäkolme	[sejtsemæn kymmentæ kolme]

oitenta	kahdeksankymmentä	[kahdeksan kymmentæ]
oitenta e um	kahdeksankymmentäyksi	[kahdeksan kymmentæ yksi]
oitenta e dois	kahdeksankymmentäkaksi	[kahdeksan kymmentæ kaksi]
oitenta e três	kahdeksankymmentäkolme	[kahdeksan kymmentæ kolme]

noventa	yhdeksänkymmentä	[yhdeksæn kymmentæ]
noventa e um	yhdeksänkymmentäyksi	[yhdeksæn kymmentæ yksi]
noventa e dois	yhdeksänkymmentäkaksi	[yhdeksæn kymmentæ kaksi]
noventa e três	yhdeksänkymmentäkolme	[yhdeksæn kymmentæ kolme]

4. Números cardinais. Parte 2

cem	sata	[sata]
duzentos	kaksisataa	[kaksi sataː]
trezentos	kolmesataa	[kolme sataː]
quatrocentos	neljäsataa	[nelʰjæ sataː]
quinhentos	viisisataa	[ʋiːisi sataː]

seiscentos	kuusisataa	[kuːsi sataː]
setecentos	seitsemänsataa	[sejtsemæn sataː]
oitocentos	kahdeksansataa	[kahdeksan sataː]
novecentos	yhdeksänsataa	[yhdeksæn sataː]

mil	tuhat	[tuhat]
dois mil	kaksituhatta	[kaksi tuhatta]
três mil	kolmetuhatta	[kolme tuhatta]
dez mil	kymmenentuhatta	[kymmenen tuhatta]
cem mil	satatuhatta	[sata tuhatta]
um milhão	miljoona	[milʰøːna]
mil milhões	miljardi	[milʰjardi]

5. Números. Frações

fração (f)	murtoluku	[murtoluku]
um meio	puolet	[puolet]
um terço	kolmannes	[kolmaŋes]

um quarto	neljännes	[nelʰjæŋes]
um oitavo	kahdeksannes	[kahdeksaŋes]
um décimo	kymmenennes	[kymmeneŋes]
dois terços	kaksi kolmasosaa	[kaksi kolmasosɑ:]
três quartos	kolme neljäsosaa	[kolme nelʰjæsosɑ:]

6. Números. Operações básicas

subtração (f)	vähennyslasku	[ʋæheŋys lɑsku]
subtrair (vi, vt)	vähentää	[ʋæhentæ:]
divisão (f)	jako	[jako]
dividir (vt)	jakaa	[jakɑ:]

adição (f)	yhteenlasku	[yhte:nlɑsku]
somar (vt)	laskea yhteen	[lɑskea yhte:n]
adicionar (vt)	lisätä	[lisætæ]
multiplicação (f)	kertolasku	[kertolɑsku]
multiplicar (vt)	kertoa	[kertoɑ]

7. Números. Diversos

algarismo, dígito (m)	numero	[numero]
número (m)	luku	[luku]
numeral (m)	lukusana	[lukusɑna]
menos (m)	miinus	[mi:inus]
mais (m)	plus	[plus]
fórmula (f)	kaava	[kɑ:ʋɑ]

cálculo (m)	laskenta	[lɑskenta]
contar (vt)	laskea	[lɑskea]

calcular (vt)	laskea	[lɑskea]
comparar (vt)	verrata	[ʋerrata]

Quanto?	Kuinka paljon?	[kuiŋka palʰon]
Quantos? -as?	Kuinka monta?	[kuiŋka monta]

soma (f)	summa	[summa]
resultado (m)	tulos	[tulos]
resto (m)	jäännös	[jæ:ŋøs]

alguns, algumas ...	muutama	[mu:tama]
um pouco de ...	vähän	[ʋæɦæn]
resto (m)	muu	[mu:]

um e meio	puolitoista	[puolitojsta]
dúzia (f)	tusina	[tusina]

ao meio	kahtia	[kahtia]
em partes iguais	tasan	[tasan]
metade (f)	puoli	[puoli]
vez (f)	kerta	[kerta]

15

8. Os verbos mais importantes. Parte 1

abrir (vt)	avata	[ɑʋɑtɑ]
acabar, terminar (vt)	lopettaa	[lopettɑ:]
aconselhar (vt)	neuvoa	[neuʋoɑ]
adivinhar (vt)	arvata	[ɑrʋɑtɑ]
advertir (vt)	varoittaa	[ʋɑrojttɑ:]

ajudar (vt)	auttaa	[ɑuttɑ:]
almoçar (vi)	syödä päivällistä	[syødæ pæjʋællistæ]
alugar (~ um apartamento)	vuokrata	[ʋuokrɑtɑ]
amar (vt)	rakastaa	[rɑkɑstɑ:]
ameaçar (vt)	uhata	[uhɑtɑ]

anotar (escrever)	kirjoittaa muistiin	[kirʰojttɑ: mujsti:in]
apanhar (vt)	ottaa kiinni	[ottɑ: ki:iŋi]
apressar-se (vr)	kiirehtiä	[ki:irehtiæ]
arrepender-se (vr)	sääliä	[sæ:liæ]
assinar (vt)	allekirjoittaa	[ɑllekirʰojttɑ:]
atirar, disparar (vi)	ampua	[ɑmpuɑ]
brincar (vi)	laskea leikkiä	[lɑskeɑ lejkkiæ]
brincar, jogar (crianças)	leikkiä	[lejkkiæ]
buscar (vt)	etsiä	[etsiæ]
caçar (vi)	metsästää	[metsæstæ:]

cair (vi)	kaatua	[kɑ:tuɑ]
cavar (vt)	kaivaa	[kɑjʋɑ:]
cessar (vt)	lakata	[lɑkɑtɑ]
chamar (~ por socorro)	kutsua	[kutsuɑ]
chegar (vi)	saapua	[sɑ:puɑ]
chorar (vi)	itkeä	[itkeæ]
começar (vt)	alkaa	[ɑlkɑ:]
comparar (vt)	verrata	[ʋerrɑtɑ]
compreender (vt)	ymmärtää	[ymmærtæ:]
concordar (vi)	suostua	[suostuɑ]
confiar (vt)	luottaa	[luottɑ:]

confundir (equivocar-se)	sotkea	[sotkeɑ]
conhecer (vt)	tuntea	[tunteɑ]
contar (fazer contas)	laskea	[lɑskeɑ]
contar com (esperar)	luottaa	[luottɑ:]
continuar (vt)	jatkaa	[jɑtkɑ:]

controlar (vt)	tarkastaa	[tɑrkɑstɑ:]
convidar (vt)	kutsua	[kutsuɑ]
correr (vi)	juosta	[juostɑ]
criar (vt)	luoda	[luodɑ]
custar (vt)	maksaa	[mɑksɑ:]

9. Os verbos mais importantes. Parte 2

dar (vt)	antaa	[ɑntɑ:]
dar uma dica	vihjata	[ʋihʰjɑtɑ]

decorar (enfeitar)	**koristaa**	[koristɑ:]
defender (vt)	**puolustaa**	[puolustɑ:]
deixar cair (vt)	**pudottaa**	[pudottɑ:]

descer (para baixo)	**laskeutua**	[lɑskeutuɑ]
desculpar-se (vr)	**pyytää anteeksi**	[py:tæ: ɑnte:ksi]
dirigir (~ uma empresa)	**johtaa**	[øhtɑ:]
discutir (notícias, etc.)	**käsitellä**	[kæsiteʌæ]
dizer (vt)	**sanoa**	[sɑnoɑ]

duvidar (vt)	**epäillä**	[epæjʌæ]
encontrar (achar)	**löytää**	[løytæ:]
enganar (vt)	**pettää**	[pettæ:]
entrar (na sala, etc.)	**tulla sisään**	[tullɑ sisæ:n]
enviar (uma carta)	**lähettää**	[ʌæhettæ:]

errar (equivocar-se)	**erehtyä**	[erehtyæ]
escolher (vt)	**valita**	[uɑlitɑ]
esconder (vt)	**piilotella**	[pi:ilotellɑ]
escrever (vt)	**kirjoittaa**	[kirʰojttɑ:]
esperar (o autocarro, etc.)	**odottaa**	[odottɑ:]

esperar (ter esperança)	**toivoa**	[tojuoɑ]
esquecer (vt)	**unohtaa**	[unohtɑ:]
estudar (vt)	**oppia**	[oppiɑ]
exigir (vt)	**vaatia**	[uɑ:tiɑ]
existir (vi)	**olla olemassa**	[ollɑ olemɑssɑ]

explicar (vt)	**selittää**	[selittæ:]
falar (vi)	**keskustella**	[keskustellɑ]
faltar (clases, etc.)	**olla poissa**	[ollɑ pojssɑ]
fazer (vt)	**tehdä**	[tehdæ]
ficar em silêncio	**olla vaiti**	[ollɑ uɑjti]
gabar-se, jactar-se (vr)	**kehua**	[kehuɑ]

gostar (apreciar)	**pitää**	[pitæ:]
gritar (vi)	**huutaa**	[hu:tɑ:]
guardar (cartas, etc.)	**säilyttää**	[sæjlyttæ:]
informar (vt)	**tiedottaa**	[tiedottɑ:]
insistir (vi)	**pysyä kannassaan**	[pysyæ kɑŋɑssɑ:n]

insultar (vt)	**loukata**	[loukɑtɑ]
interessar-se (vr)	**kiinnostua**	[ki:iŋostuɑ]
ir (a pé)	**mennä**	[meŋæ]
ir nadar	**kylpeä**	[kylpeæ]
jantar (vi)	**illastaa**	[illɑstɑ:]

10. Os verbos mais importantes. Parte 3

ler (vt)	**lukea**	[lukeɑ]
libertar (cidade, etc.)	**vapauttaa**	[uɑpɑuttɑ:]
matar (vt)	**murhata**	[murhɑtɑ]
mencionar (vt)	**mainita**	[mɑjnitɑ]
mostrar (vt)	**näyttää**	[ɲæyttæ:]

17

mudar (modificar)	muuttaa	[mu:tta:]
nadar (vi)	uida	[ujda]
negar-se (vt)	kieltäytyä	[kæltæytyæ]
objetar (vt)	väittää vastaan	[uæjttæ: uasta:n]

observar (vt)	seurata	[seurata]
ordenar (mil.)	käskeä	[kæskeæ]
ouvir (vt)	kuulla	[ku:lla]
pagar (vt)	maksaa	[maksa:]
parar (vi)	pysähtyä	[pysæhtyæ]

participar (vi)	osallistua	[osallistua]
pedir (comida)	tilata	[tilata]
pedir (um favor, etc.)	pyytää	[py:tæ:]
pegar (tomar)	ottaa	[otta:]
pensar (vt)	ajatella	[ajatella]

perceber (ver)	huomata	[huomata]
perdoar (vt)	antaa anteeksi	[anta: ante:ksi]
perguntar (vt)	kysyä	[kysyæ]
permitir (vt)	antaa lupa	[anta: lupa]
pertencer (vt)	kuulua	[ku:lua]

planear (vt)	suunnitella	[su:ŋitella]
poder (vi)	voida	[uojda]
possuir (vt)	omistaa	[omista:]
preferir (vt)	katsoa parhaaksi	[katsoa parha:ksi]
preparar (vt)	laittaa	[lajtta:]

prever (vt)	nähdä ennakolta	[ɲæhdæ eŋakolta]
prometer (vt)	luvata	[luuata]
pronunciar (vt)	lausua	[lausua]
propor (vt)	ehdottaa	[ehdotta:]
punir (castigar)	rangaista	[raŋajsta]

11. Os verbos mais importantes. Parte 4

quebrar (vt)	rikkoa	[rikkoa]
queixar-se (vr)	valittaa	[ualitta:]
querer (desejar)	haluta	[haluta]
recomendar (vt)	suositella	[suositella]
repetir (dizer outra vez)	toistaa	[tojsta:]

repreender (vt)	haukkua	[haukkua]
reservar (~ um quarto)	reservoida	[reseruojda]
responder (vt)	vastata	[uastata]
rezar, orar (vi)	rukoilla	[rukojlla]
rir (vi)	nauraa	[naura:]

roubar (vt)	varastaa	[uarasta:]
saber (vt)	tietää	[tietæ:]
sair (~ de casa)	poistua	[pojstua]
salvar (vt)	pelastaa	[pelasta:]
seguir ...	seurata	[seurata]

sentar-se (vr)	istua	[istua]
ser necessário	tarvitsee	[tarʋitse:]
ser, estar	olla	[olla]
significar (vt)	merkitä	[merkitæ]

sorrir (vi)	hymyillä	[hymyjʎæ]
subestimar (vt)	aliarvioida	[aliarʋiojda]
surpreender-se (vr)	ihmetellä	[ihmeteʎæ]
tentar (vt)	koettaa	[koetta:]

ter (vt)	omistaa	[omista:]
ter fome	minulla on nälkä	[minulla on ɲælkæ]
ter medo	pelätä	[peʎætæ]
ter sede	minulla on jano	[minulla on æno]

tocar (com as mãos)	koskettaa	[kosketta:]
tomar o pequeno-almoço	syödä aamiaista	[syødæ a:miajsta]
trabalhar (vi)	työskennellä	[tyøskeɲeʎæ]
traduzir (vt)	kääntää	[kæ:ntæ:]
unir (vt)	yhdistää	[yhdistæ:]

vender (vt)	myydä	[my:dæ]
ver (vt)	nähdä	[ɲæhdæ]
virar (ex. ~ à direita)	kääntää	[kæ:ntæ:]
voar (vi)	lentää	[lentæ:]

12. Cores

cor (f)	väri	[ʋæri]
matiz (m)	vivahdus	[ʋiʋahdus]
tom (m)	värisävy	[ʋæri sæʋy]
arco-íris (m)	sateenkaari	[sate:n ka:ri]

branco	valkoinen	[ʋalkojnen]
preto	musta	[musta]
cinzento	harmaa	[harma:]

verde	vihreä	[ʋihreæ]
amarelo	keltainen	[keltajnen]
vermelho	punainen	[punajnen]

azul	sininen	[sininen]
azul claro	vaaleansininen	[ʋa:lean sininen]
rosa	vaaleanpunainen	[ʋa:lean punajnen]
laranja	oranssi	[oranssi]
violeta	violetti	[ʋioletti]
castanho	ruskea	[ruskea]

dourado	kultainen	[kultajnen]
prateado	hopeinen	[hopejnen]

bege	beige	[be:ge]
creme	kermanvärinen	[kerman ʋærinen]
turquesa	turkoosi	[turko:si]

vermelho cereja	kirsikanpunainen	[kirsikɑn punɑjnen]
lilás	sinipunainen	[sini punɑjnen]
carmesim	karmiininpunainen	[kɑrmi:inen punɑjnen]

claro	vaalea	[ʋɑ:leɑ]
escuro	tumma	[tummɑ]
vivo	kirkas	[kirkɑs]

de cor	väri-	[ʋæri]
a cores	värillinen	[ʋærillinen]
preto e branco	mustavalkoinen	[mustɑ ʋɑlkojnen]
unicolor	yksivärinen	[yksiʋærinen]
multicor	erivärinen	[eriʋærinen]

13. Questões

Quem?	Kuka?	[kukɑ]
Que?	Mikä?	[mikæ]
Onde?	Missä?	[missæ]
Para onde?	Mihin?	[mihin]
De onde?	Mistä?	[mistæ]
Quando?	Milloin?	[millojn]
Para quê?	Mitä varten?	[mitæ ʋɑrten]
Porquê?	Miksi?	[miksi]

Para quê?	Minkä vuoksi?	[miŋkæ ʋuoksi]
Como?	Miten?	[miten]
Qual?	Millainen?	[millɑjnen]
Qual? (entre dois ou mais)	Mikä?	[mikæ]

A quem?	Kenelle?	[kenelle]
Sobre quem?	Kenestä?	[kenestæ]
Do quê?	Mistä?	[mistæ]
Com quem?	Kenen kanssa?	[kenen kɑnssɑ]

Quantos? -as?	Kuinka monta?	[kuiŋkɑ montɑ]
Quanto?	Kuinka paljon?	[kuiŋkɑ pɑlʰon]
De quem? (masc.)	Kenen?	[kenen]

14. Palavras funcionais. Advérbios. Parte 1

Onde?	Missä?	[missæ]
aqui	täällä	[tæːʎæ]
lá, ali	siellä	[sieʎæ]

em algum lugar	jossain	[øssɑjn]
em lugar nenhum	ei missään	[ej missæːn]

ao pé de ...	vieressä	[ʋæressæ]
ao pé da janela	ikkunan vieressä	[ikkunɑn ʋæressæ]
Para onde?	Mihin?	[mihin]
para cá	tänne	[tæŋe]

para lá	tuonne	[tuoŋe]
daqui	täältä	[tæ:ltæ]
de lá, dali	sieltä	[sieltæ]

| perto | lähellä | [ʎæheʎæ] |
| longe | kaukana | [kaukana] |

perto de ...	luona	[luona]
ao lado de	vieressä	[ʋæressæ]
perto, não fica longe	lähelle	[ʎæhelle]

esquerdo	vasen	[ʋasen]
à esquerda	vasemmalla	[ʋasemmalla]
para esquerda	vasemmalle	[ʋasemalle]

direito	oikea	[ojkea]
à direita	oikealla	[ojkealla]
para direita	oikealle	[ojkealle]

à frente	edessä	[edessæ]
da frente	etumainen	[etumajnen]
em frente (para a frente)	eteenpäin	[ete:npæjn]

atrás de ...	takana	[takana]
por detrás (vir ~)	takaa	[taka:]
para trás	takaisin	[takajsin]

| meio (m), metade (f) | keskikohta | [keskikohta] |
| no meio | keskellä | [keskeʎæ] |

de lado	sivulta	[siʋulta]
em todo lugar	kaikkialla	[kajkkialla]
ao redor (olhar ~)	ympärillä	[ympæriʎæ]

de dentro	sisäpuolelta	[sisæ puolelta]
para algum lugar	jonnekin	[øŋekin]
diretamente	suoraan	[suora:n]
de volta	takaisin	[takajsin]

| de algum lugar | jostakin | [østakin] |
| de um lugar | jostakin | [østakin] |

em primeiro lugar	ensiksi	[ensiksi]
em segundo lugar	toiseksi	[tojseksi]
em terceiro lugar	kolmanneksi	[kolmaŋeksi]

de repente	äkkiä	[ækkiæ]
no início	alussa	[alussa]
pela primeira vez	ensi kerran	[ensi kerran]
muito antes de ...	kauan ennen kuin	[kauan eŋen kuin]
de novo, novamente	uudestaan	[u:desta:n]
para sempre	pysyvästi	[pysyʋæsti]

nunca	ei koskaan	[ej koska:n]
de novo	taas	[ta:s]
agora	nyt	[nyt]

frequentemente	usein	[usejn]
então	silloin	[silloin]
urgentemente	pikaisesti	[pikɑjsesti]
usualmente	tavallisesti	[tɑʋɑllisesti]

a propósito, ...	muuten	[muːten]
é possível	ehkä	[ehkæ]
provavelmente	todennäköisesti	[toden ɲækøjsesti]
talvez	voi olla	[ʋoj ollɑ]
além disso, ...	lisäksi	[lisæksi]
por isso ...	siksi	[siksi]
apesar de ...	huolimatta	[huolimɑttɑ]
graças a ...	avulla	[ɑʋulla]

que (pron.)	mikä	[mikæ]
que (conj.)	että	[ettæ]
algo	jokin	[økin]
alguma coisa	jotakin	[øtɑkin]
nada	ei mitään	[ej mitæːn]

quem	kuka	[kukɑ]
alguém (~ teve uma ideia ...)	joku	[øku]
alguém	joku	[øku]

ninguém	ei kukaan	[ej kukɑːn]
para lugar nenhum	ei mihinkään	[ej mihiŋkæːn]
de ninguém	ei kenenkään	[ej keneŋkæːn]
de alguém	jonkun	[øŋkun]

tão	niin	[niːin]
também (gostaria ~ de ...)	myös	[myøs]
também (~ eu)	myös	[myøs]

15. Palavras funcionais. Advérbios. Parte 2

Porquê?	Miksi?	[miksi]
por alguma razão	jostain syystä	[østɑjn syːstæ]
porque ...	koska	[koskɑ]
por qualquer razão	jonkin vuoksi	[øŋkin ʋuoksi]

e (tu ~ eu)	ja	[jɑ]
ou (ser ~ não ser)	tai	[tɑj]
mas (porém)	mutta	[muttɑ]
para (~ a minha mãe)	varten	[ʋɑrten]

demasiado, muito	liian	[liːiɑn]
só, somente	vain	[ʋɑjn]
exatamente	tarkasti	[tɑrkɑsti]
cerca de (~ 10 kg)	noin	[nojn]

aproximadamente	likimäärin	[likimæːrin]
aproximado	likimääräinen	[likimæːræjnen]
quase	melkein	[melkejn]
resto (m)	muu	[muː]

cada	joka	[øka]
qualquer	jokainen	[økajnen]
muito	paljon	[palʰøn]
muitas pessoas	monet	[monet]
todos	kaikki	[kajkki]

em troca de …	korvauksena	[korʋauksena]
em troca	sijaan	[sija:n]
à mão	käsin	[kæsin]
pouco provável	tuskin	[tuskin]

provavelmente	varmaan	[ʋarma:n]
de propósito	tahallaan	[tahalla:n]
por acidente	sattumalta	[sattumalta]

muito	erittäin	[erittæjn]
por exemplo	esimerkiksi	[esimerkiksi]
entre	välillä	[ʋæliʎæ]
entre (no meio de)	keskellä	[keskeʎæ]
tanto	niin paljon	[ni:in palʰøn]
especialmente	erikoisesti	[erikojsesti]

Conceitos básicos. Parte 2

16. Dias da semana

segunda-feira (f)	maanantai	[ma:nantaj]
terça-feira (f)	tiistai	[ti:istaj]
quarta-feira (f)	keskiviikko	[keskiʋi:ikko]
quinta-feira (f)	torstai	[torstaj]
sexta-feira (f)	perjantai	[perʰjantaj]
sábado (m)	lauantai	[lauantaj]
domingo (m)	sunnuntai	[suŋuntaj]

hoje	tänään	[tænæ:n]
amanhã	huomenna	[huomeŋa]
depois de amanhã	ylihuomenna	[ylihuomeŋa]
ontem	eilen	[ejlen]
anteontem	toissapäivänä	[tojssa pæjʋæɲæ]

dia (m)	päivä	[pæjʋæ]
dia (m) de trabalho	työpäivä	[tyøpæjʋæ]
feriado (m)	juhlapäivä	[juhlapæjʋæ]
dia (m) de folga	vapaapäivä	[ʋapa:pæjʋæ]
fim (m) de semana	viikonloppu	[ʋi:ikon loppu]

o dia todo	koko päivän	[koko pæjʋæn]
no dia seguinte	ensi päivänä	[ensi pæjʋæɲæ]
há dois dias	kaksi päivää sitten	[kaksi pæjʋæ: sitten]
na véspera	aattona	[a:ttona]
diário	jokapäiväinen	[øka pæjʋæjnen]
todos os dias	joka päivä	[øka pæjʋæ]

semana (f)	viikko	[ʋi:ikko]
na semana passada	viime viikolla	[ʋi:ime ʋi:ikolla]
na próxima semana	ensi viikolla	[ensi ʋi:ikolla]
semanal	jokaviikkoinen	[økaʋi:ikkojnen]
cada semana	joka viikko	[øka ʋi:ikko]
duas vezes por semana	kaksi kertaa viikossa	[kaksi kerta: ʋi:ikossa]
cada terça-feira	joka tiistai	[øka ti:istaj]

17. Horas. Dia e noite

manhã (f)	aamu	[a:mu]
de manhã	aamulla	[a:mulla]
meio-dia (m)	puolipäivä	[puolipæjʋæ]
à tarde	iltapäivällä	[ilta pæjʋæʌæ]

noite (f)	ilta	[ilta]
à noite (noitinha)	illalla	[illalla]

noite (f)	yö	[yø]
à noite	yöllä	[yø⁄æ]
meia-noite (f)	puoliyö	[puoli yø]

segundo (m)	sekunti	[sekunti]
minuto (m)	minuutti	[minu:tti]
hora (f)	tunti	[tunti]
meia hora (f)	puoli tuntia	[puoli tuntia]
quarto (m) de hora	vartti	[ʋartti]
quinze minutos	viisitoista minuuttia	[ʋi:isitojsta minu:ttia]
vinte e quatro horas	vuorokausi	[ʋuoro kausi]

nascer (m) do sol	auringonnousu	[auriŋon nousu]
amanhecer (m)	sarastus	[sarastus]
madrugada (f)	varhainen aamu	[ʋarhajnen a:mu]
pôr do sol (m)	auringonlasku	[auriŋon lasku]

de madrugada	aamulla aikaisin	[a:mulla ajkajsin]
hoje de manhã	tänä aamuna	[tæɲæ a:muna]
amanhã de manhã	ensi aamuna	[ensi a:muna]
hoje à tarde	tänä päivänä	[tæɲæ pæjʋæɲæ]
à tarde	iltapäivällä	[ilta pæjʋæ⁄æ]
amanhã à tarde	huomisiltapäivällä	[huomis ilta pæjʋæ⁄æ]
hoje à noite	tänä iltana	[tæɲæ iltana]
amanhã à noite	ensi iltana	[ensi iltana]

às três horas em ponto	tasan kolmelta	[tasan kolmelta]
por volta das quatro	noin neljältä	[nojn nelʰæltæ]
às doze	kahdentoista mennessä	[kahdentojsta menessæ]

dentro de vinte minutos	kahdenkymmenen minuutin kuluttua	[kahdeŋkymmeneⁿ minu:tin kuluttua]
dentro duma hora	tunnin kuluttua	[tuɲin kuluttua]
a tempo	ajoissa	[aøjssa]

menos um quarto	varttia vaille	[ʋarttia ʋajlle]
durante uma hora	tunnin kuluessa	[tuɲin kuluessa]
a cada quinze minutos	viidentoista minuutin välein	[ʋi:iden tojsta minu:tin ʋælejn]
as vinte e quatro horas	ympäri vuorokauden	[ympæri ʋuoro kauden]

18. Meses. Estações

janeiro (m)	tammikuu	[tammiku:]
fevereiro (m)	helmikuu	[helmiku:]
março (m)	maaliskuu	[ma:lisku:]
abril (m)	huhtikuu	[huhtiku:]
maio (m)	toukokuu	[toukoku:]
junho (m)	kesäkuu	[kesæku:]

julho (m)	heinäkuu	[hejnæku:]
agosto (m)	elokuu	[eloku:]
setembro (m)	syyskuu	[sy:sku:]
outubro (m)	lokakuu	[lokaku:]

novembro (m)	marraskuu	[marrasku:]
dezembro (m)	joulukuu	[øuluku:]

primavera (f)	kevät	[keuæt]
na primavera	keväällä	[keuæːʎæ]
primaveril	keväinen	[keuæjnen]

verão (m)	kesä	[kesæ]
no verão	kesällä	[kesæʎæ]
de verão	kesäinen	[kesæjnen]

outono (m)	syksy	[syksy]
no outono	syksyllä	[syksyʎæ]
outonal	syksyinen	[syksyjnen]

inverno (m)	talvi	[talui]
no inverno	talvella	[taluella]
de inverno	talvinen	[taluinen]

mês (m)	kuukausi	[ku:kausi]
este mês	tässä kuukaudessa	[tæssæ ku:kaudessa]
no próximo mês	ensi kuukaudessa	[ensi ku:kaudessa]
no mês passado	viime kuukaudessa	[ui:ime ku:kaudessa]

há um mês	kuukausi sitten	[ku:kausi sitten]
dentro de um mês	kuukauden kuluttua	[ku:kauden kuluttua]
dentro de dois meses	kahden kuukauden kuluttua	[kahden ku:kauden kuluttua]
todo o mês	koko kuukauden	[koko ku:kauden]
um mês inteiro	koko kuukauden	[koko ku:kauden]

mensal	kuukautinen	[ku:kautinen]
mensalmente	kuukausittain	[ku:kausittajn]
cada mês	joka kuukausi	[øka ku:kausi]
duas vezes por mês	kaksi kertaa kuukaudessa	[kaksi kerta: ku:kaudessa]

ano (m)	vuosi	[uuosi]
este ano	tänä vuonna	[tæɲæ uuoŋa]
no próximo ano	ensi vuonna	[ensi uuoŋa]
no ano passado	viime vuonna	[ui:ime uuoŋa]

há um ano	vuosi sitten	[uuosi sitten]
dentro dum ano	vuoden kuluttua	[uuoden kuluttua]
dentro de 2 anos	kahden vuoden kuluttua	[kahden uuoden kuluttua]
todo o ano	koko vuoden	[koko uuoden]
um ano inteiro	koko vuoden	[koko uuoden]

cada ano	joka vuosi	[øka uuosi]
anual	vuosittainen	[uuosittajnen]
anualmente	vuosittain	[uuosittajn]
quatro vezes por ano	neljä kertaa vuodessa	[nelʰjæ kerta: uuodessa]

data (~ de hoje)	päivä	[pæjuæ]
data (ex. ~ de nascimento)	päivämäärä	[pæjuæmæːræ]
calendário (m)	kalenteri	[kalenteri]
meio ano	puoli vuotta	[puoli uuotta]

seis meses	vuosipuolisko	[ʋuosi puolisko]
estação (f)	kausi	[kausi]
século (m)	vuosisata	[ʋuosisata]

19. Tempo. Diversos

tempo (m)	aika	[ajka]
momento (m)	tuokio	[tuokio]
instante (m)	hetki	[hetki]
instantâneo	hetkellinen	[hetkellinen]
lapso (m) de tempo	ajanjakso	[ajanʰjakso]
vida (f)	elämä	[eʎæmæ]
eternidade (f)	ikuisuus	[ikujsu:s]

época (f)	kausi	[kausi]
era (f)	ajanlasku	[ajanlasku]
ciclo (m)	jakso	[jakso]
período (m)	vaihe	[ʋajhe]
prazo (m)	määräaika	[mæ:ræajka]

futuro (m)	tulevaisuus	[tuleʋajsu:s]
futuro	ensi	[ensi]
da próxima vez	ensi kerralla	[ensi kerralla]

passado (m)	menneisyys	[meŋejsy:s]
passado	viime	[ʋi:ime]
na vez passada	viime kerralla	[ʋi:ime kerralla]

mais tarde	myöhemmin	[myøhemmln]
depois	jälkeenpäin	[jælke:npæjn]
atualmente	nykyään	[nykyæ:n]
agora	nyt	[nyt]
imediatamente	heti	[heti]
em breve, brevemente	kohta	[kohta]
de antemão	ennakolta	[eŋakolta]

há muito tempo	kauan	[kauan]
há pouco tempo	äskettäin	[æskettæjn]
destino (m)	kohtalo	[kohtalo]
recordações (f pl)	muisto	[mujsto]
arquivo (m)	arkisto	[arkisto]

durante ...	aikana	[ajkana]
durante muito tempo	kauan	[kauan]
pouco tempo	vähän aikaa	[ʋæɦæn ajka:]

| cedo (levantar-se ~) | aikaisin | [ajkajsin] |
| tarde (deitar-se ~) | myöhään | [myøhæ:n] |

para sempre	ainiaaksi	[ajnia:ksi]
começar (vt)	aloittaa	[alojtta:]
adiar (vt)	siirtää	[si:irtæ:]
simultaneamente	samanaikaisesti	[saman ajkajsesti]

permanentemente	alituisesti	[alitujsesti]
constante (ruído, etc.)	vakinainen	[ʋakinajnen]
temporário	väliaikainen	[ʋæli ajkajnen]

às vezes	joskus	[øskus]
raramente	harvoin	[harʋojn]
frequentemente	usein	[usejn]

20. Opostos

rico	rikas	[rikas]
pobre	köyhä	[køyhæ]

doente	sairas	[sajras]
são	terve	[terʋe]

grande	iso	[iso]
pequeno	pieni	[pæni]

rapidamente	nopeasti	[nopeasti]
lentamente	hitaasti	[hitaːsti]

rápido	nopea	[nopea]
lento	hidas	[hidas]

alegre	iloinen	[ilojnen]
triste	surullinen	[surullinen]

juntos	yhdessä	[yhdessæ]
separadamente	erikseen	[erikseːn]

em voz alta (ler ~)	ääneen	[æːneːn]
para si (em silêncio)	itsekseen	[itsekseːn]

alto	korkea	[korkea]
baixo	matala	[matala]

profundo	syvä	[syʋæ]
pouco fundo	matala	[matala]

sim	kyllä	[kyʎæ]
não	ei	[ej]

distante (no espaço)	kaukainen	[kaukajnen]
próximo	läheinen	[ʎæhejnen]

longe	kaukana	[kaukana]
perto	vierellä	[ʋiereʎæ]

longo	pitkä	[pitkæ]
curto	lyhyt	[lyhyt]

bom, bondoso	hyvä	[hyʋæ]
mau	vihainen	[ʋihajnen]

casado	naimisissa oleva	[najmisissa oleua]
solteiro	naimaton	[najmaton]

proibir (vt)	kieltää	[kjeltæ:]
permitir (vt)	antaa lupa	[anta: lupa]

fim (m)	loppu	[loppu]
começo (m)	alku	[alku]

esquerdo	vasen	[uasen]
direito	oikea	[ojkea]

primeiro	ensimmäinen	[ensimmæjnen]
último	viimeinen	[ui:imejnen]

crime (m)	rikos	[rikos]
castigo (m)	rangaistus	[raŋajstus]

ordenar (vt)	käskeä	[kæskeæ]
obedecer (vt)	alistua	[alistua]

reto	suora	[suora]
curvo	käyrä	[kæyræ]

paraíso (m)	paratiisi	[parati:isi]
inferno (m)	helvetti	[heluetti]

nascer (vi)	syntyä	[syntyæ]
morrer (vi)	kuolla	[kuolla]

forte	voimakas	[uojmakas]
fraco, débil	heikko	[hejkko]

idoso	vanha	[uanha]
jovem	nuori	[nuori]

velho	vanha	[uanha]
novo	uusi	[u:si]

duro	kova	[koua]
mole	pehmeä	[pehmeæ]

tépido	lämmin	[ʎæmmin]
frio	kylmä	[kylmæ]

gordo	lihava	[lihaua]
magro	laiha	[lajha]

estreito	kapea	[kapeæ]
largo	leveä	[leueæ]

bom	hyvä	[hyuæ]
mau	huono	[huono]

valente	rohkea	[rohkea]
cobarde	pelkurimainen	[pelkurimajnen]

21. Linhas e formas

quadrado (m)	neliö	[neliø]
quadrado	neliömäinen	[neliømæjnen]
círculo (m)	ympyrä	[ympyræ]
redondo	pyöreä	[pyøreæ]
triângulo (m)	kolmio	[kolmio]
triangular	kolmikulmainen	[kolmi kulmajnen]
oval (f)	soikio	[sojkio]
oval	soikea	[sojkea]
retângulo (m)	suorakulmio	[suorakulmio]
retangular	suorakulmainen	[suorakulmajnen]
pirâmide (f)	pyramidi	[pyramidi]
rombo, losango (m)	vinoneliö	[uino neliø]
trapézio (m)	trapetsi	[trapetsi]
cubo (m)	kuutio	[ku:tio]
prisma (m)	prisma	[prisma]
circunferência (f)	ympyrä	[ympyræ]
esfera (f)	pallo	[pallo]
globo (m)	pallo	[pallo]
diâmetro (m)	halkaisija	[halkajsija]
raio (m)	säde	[sæde]
perímetro (m)	ympärysmitta	[ympærys mittæ]
centro (m)	keskus	[keskus]
horizontal	vaakasuora	[ua:ka suora]
vertical	pystysuora	[pysty suora]
paralela (f)	leveyspiiri	[leueyspi:iri]
paralelo	yhdensuuntainen	[yhden su:ntajnen]
linha (f)	viiva	[ui:iua]
traço (m)	viiva	[ui:iua]
reta (f)	suora	[suora]
curva (f)	käyrä	[kæyræ]
fino (linha ~a)	ohut	[ohut]
contorno (m)	ääriviivat	[æ:ri ui:iuat]
interseção (f)	leikkauskohta	[lejkkaus kohta]
ângulo (m) reto	suora kulma	[suora kulma]
segmento (m)	segmentti	[segmentti]
setor (m)	sektori	[sektori]
lado (de um triângulo, etc.)	puoli	[puoli]
ângulo (m)	kulma	[kulma]

22. Unidades de medida

peso (m)	paino	[pajno]
comprimento (m)	pituus	[pitu:s]
largura (f)	leveys	[leueys]
altura (f)	korkeus	[korkeus]

profundidade (f)	syvyys	[syʋy:s]
volume (m)	tilavuus	[tilaʋu:s]
área (f)	pinta-ala	[pinta ala]

grama (m)	gramma	[gramma]
miligrama (m)	milligramma	[milligramma]
quilograma (m)	kilo	[kilo]
tonelada (f)	tonni	[toɳi]
libra (453,6 gramas)	punta	[punta]
onça (f)	unssi	[unssi]

metro (m)	metri	[metri]
milímetro (m)	millimetri	[millimetri]
centímetro (m)	senttimetri	[senttimetri]
quilómetro (m)	kilometri	[kilometri]
milha (f)	peninkulma	[penin kulma]

polegada (f)	tuuma	[tu:ma]
pé (304,74 mm)	jalka	[jalka]
jarda (914,383 mm)	jaardi	[ja:rdi]

metro (m) quadrado	neliömetri	[neliø metri]
hectare (m)	hehtaari	[hehta:ri]

litro (m)	litra	[litra]
grau (m)	aste	[aste]
volt (m)	voltti	[ʋoltti]
ampere (m)	ampeeri	[ampe:ri]
cavalo-vapor (m)	hevosvoima	[heʋosʋojma]

quantidade (f)	määrä	[mæ:ræ]
um pouco de ...	vähän	[ʋæɦæn]
metade (f)	puoli	[puoli]
dúzia (f)	tusina	[tusina]
peça (f)	kappale	[kappale]

dimensão (f)	koko	[koko]
escala (f)	mittakaava	[mittaka:ʋa]

mínimo	minimaalinen	[minima:linen]
menor, mais pequeno	pienin	[pienin]
médio	keskimmäinen	[keskimmæjnen]
máximo	maksimaalinen	[maksima:linen]
maior, mais grande	suurin	[su:rin]

23. Recipientes

boião (m) de vidro	lasitölkki	[lasitølkki]
lata (~ de cerveja)	peltitölkki	[peltitølkki]
balde (m)	sanko	[saɳko]
barril (m)	tynnyri	[tyɳyri]

bacia (~ de plástico)	vati	[ʋati]
tanque (m)	säiliö	[sæjliø]

cantil (m) de bolso	kenttäpullo	[kenttæ pullo]
bidão (m) de gasolina	kanisteri	[kanisteri]
cisterna (f)	säiliö	[sæjliø]
caneca (f)	tuoppi	[tuoppi]
chávena (f)	kuppi	[kuppi]
pires (m)	teevati	[teːʋati]
copo (m)	lasi	[lasi]
taça (f) de vinho	malja	[malʰja]
panela, caçarola (f)	kattila	[kattila]
garrafa (f)	pullo	[pullo]
gargalo (m)	pullonkaula	[pulloŋkaula]
jarro, garrafa (f)	karahvi	[karahʋi]
jarro (m) de barro	kannu	[kaŋu]
recipiente (m)	astia	[astia]
pote (m)	ruukku	[ruːkku]
vaso (m)	maljakko	[malʰjakko]
frasco (~ de perfume)	pullo	[pullo]
frasquinho (ex. ~ de iodo)	pullonen	[pullonen]
tubo (~ de pasta dentífrica)	tuubi	[tuːbi]
saca (ex. ~ de açúcar)	säkki	[sækki]
saco (~ de plástico)	kassi	[kassi]
maço (m)	paketti	[paketti]
caixa (~ de sapatos, etc.)	laatikko	[laːtikko]
caixa (~ de madeira)	laatikko	[laːtikko]
cesta (f)	kori	[kori]

24. Materiais

material (m)	aine	[ajne]
madeira (f)	puu	[puː]
de madeira	puinen	[pujnen]
vidro (m)	lasi	[lasi]
de vidro	lasinen	[lasinen]
pedra (f)	kivi	[kiʋi]
de pedra	kivinen	[kiʋinen]
plástico (m)	muovi	[muoʋi]
de plástico	muovinen	[muoʋinen]
borracha (f)	kumi	[kumi]
de borracha	kuminen	[kuminen]
tecido, pano (m)	kangas	[kaŋas]
de tecido	kankaasta	[kaŋkaːsta]
papel (m)	paperi	[paperi]
de papel	paperinen	[paperinen]

cartão (m)	kartonki	[kartoŋki]
de cartão	kartonki	[kartoŋki]

polietileno (m)	polyetyleeni	[polyetyle:ni]
celofane (m)	kelmu	[kelmu]
contraplacado (m)	vaneri	[ʋaneri]

porcelana (f)	posliini	[posli:ini]
de porcelana	posliininen	[posli:ininen]
barro (f)	savi	[saʋi]
de barro	savi-	[saʋi]
cerâmica (f)	keramiikka	[kerami:ikka]
de cerâmica	keraaminen	[kera:minen]

25. Metais

metal (m)	metalli	[metalli]
metálico	metallinen	[metallinen]
liga (f)	seos	[seos]

ouro (m)	kulta	[kulta]
de ouro	kultainen	[kultajnen]
prata (f)	hopea	[hopea]
de prata	hopeinen	[hopejnen]

ferro (m)	rauta	[rauta]
de ferro	rautainen	[rautajnen]
aço (m)	teräs	[teræs]
de aço	teräksinen	[teræksinen]
cobre (m)	kupari	[kupari]
de cobre	kuparinen	[kuparinen]

alumínio (m)	alumiini	[alumi:ini]
de alumínio	alumiini-	[alumi:ini]
bronze (m)	pronssi	[pronssi]
de bronze	pronssinen	[pronssinen]

latão (m)	messinki	[messiŋki]
níquel (m)	nikkeli	[nikkeli]
platina (f)	platina	[platina]
mercúrio (m)	elohopea	[elo hopea]
estanho (m)	tina	[tina]
chumbo (m)	lyijy	[lyiy]
zinco (m)	sinkki	[siŋkki]

O SER HUMANO

O ser humano. O corpo

26. Humanos. Conceitos básicos

ser (m) humano	ihminen	[ihminen]
homem (m)	mies	[mies]
mulher (f)	nainen	[nɑjnen]
criança (f)	lapsi	[lɑpsi]
menina (f)	tyttö	[tyttø]
menino (m)	poika	[pojkɑ]
adolescente (m)	teini-ikäinen	[tejni ikæjnen]
velho, ancião (m)	vanhus	[ʋɑnhus]
velha, anciã (f)	eukko	[eukko]

27. Anatomia humana

organismo (m)	elimistö	[elimistø]
coração (m)	sydän	[sydæn]
sangue (m)	veri	[ʋeri]
artéria (f)	valtimo	[ʋɑltimo]
veia (f)	laskimo	[lɑskimo]
cérebro (m)	aivot	[ɑjʋot]
nervo (m)	hermo	[hermo]
nervos (m pl)	hermot	[hermot]
vértebra (f)	nikama	[nikɑmɑ]
coluna (f) vertebral	selkäranka	[selkærɑŋkɑ]
estômago (m)	mahalaukku	[mɑhɑ lɑukku]
intestinos (m pl)	suolisto	[suolisto]
intestino (m)	suoli	[suoli]
fígado (m)	maksa	[mɑksɑ]
rim (m)	munuainen	[munuɑjnen]
osso (m)	luu	[lu:]
esqueleto (m)	luuranko	[lu:rɑŋko]
costela (f)	kylkiluu	[kylkilu:]
crânio (m)	pääkallo	[pæ:kɑllo]
músculo (m)	lihas	[lihɑs]
bíceps (m)	hauislihas	[hɑujslihɑs]
tríceps (m)	kolmipäinen olkalihas	[kolmipæjnen olkɑlihɑs]
tendão (m)	jänne	[jæŋe]
articulação (f)	nivel	[niʋel]

pulmões (m pl)	keuhkot	[keuhkot]
órgãos (m pl) genitais	sukupuolielimet	[sukupuoli elimet]
pele (f)	iho	[iho]

28. Cabeça

cabeça (f)	pää	[pæ:]
cara (f)	kasvot	[kasʋot]
nariz (m)	nenä	[neɲæ]
boca (f)	suu	[su:]

olho (m)	silmä	[silmæ]
olhos (m pl)	silmät	[silmæt]
pupila (f)	silmäterä	[silmæteræ]
sobrancelha (f)	kulmakarva	[kulmakarʋa]
pestana (f)	ripsi	[ripsi]
pálpebra (f)	silmäluomi	[silmæluomi]

língua (f)	kieli	[kieli]
dente (m)	hammas	[hammas]
lábios (m pl)	huulet	[hu:let]
maçãs (f pl) do rosto	poskipäät	[poski:pæ:t]
gengiva (f)	ien	[ien]
paladar (m)	kitalaki	[kitalaki]

narinas (f pl)	sieraimet	[sierajmet]
queixo (m)	leuka	[leuka]
mandíbula (f)	leukaluu	[leukalu:]
bochecha (f)	poski	[poski]

testa (f)	otsa	[otsa]
têmpora (f)	ohimo	[ohimo]
orelha (f)	korva	[korʋa]
nuca (f)	niska	[niska]
pescoço (m)	kaula	[kaula]
garganta (f)	kurkku	[kurkku]

cabelos (m pl)	hiukset	[hiukset]
penteado (m)	kampaus	[kampaus]
corte (m) de cabelo	kampaus	[kampaus]
peruca (f)	tekotukka	[teko tukka]

bigode (m)	viikset	[ʋi:ikset]
barba (f)	parta	[parta]
usar, ter (~ barba, etc.)	hänellä on parta	[hæneʎæ on parta]
trança (f)	letti	[letti]
suíças (f pl)	poskiparta	[poskiparta]

ruivo	punatukkainen	[puna tukkajnen]
grisalho	harmaatukkainen	[harma:tukkajnen]
calvo	kaljupäinen	[kalʰjupæjnen]
calva (f)	kalju	[kalʰju]
rabo-de-cavalo (m)	poninhäntä	[poninhæntæ]
franja (f)	otsatukka	[otsatukka]

29. Corpo humano

mão (f)	käsi	[kæsi]
braço (m)	käsivarsi	[kæsiuɑrssi]
dedo (m) do pé	varvas	[uɑruɑs]
polegar (m)	peukalo	[peukɑlo]
dedo (m) mindinho	pikkusormi	[pikkusormi]
unha (f)	kynsi	[kynsi]
punho (m)	nyrkki	[nyrkki]
palma (f) da mão	kämmen	[kæmmen]
pulso (m)	ranne	[rɑŋe]
antebraço (m)	kyynärvarsi	[ky:ɲæruɑrsi]
cotovelo (m)	kyynärpää	[ky:ɲærpæ:]
ombro (m)	hartia	[hɑrtiɑ]
perna (f)	jalka	[jɑlkɑ]
pé (m)	jalkaterä	[jɑlkɑteræ]
joelho (m)	polvi	[polui]
barriga (f) da perna	pohje	[pohʰje]
anca (f)	reisi	[rejsi]
calcanhar (m)	kantapää	[kɑntɑpæ:]
corpo (m)	vartalo	[uɑrtɑlo]
barriga (f)	maha	[mɑhɑ]
peito (m)	rinta	[rintɑ]
seio (m)	povi	[poui]
lado (m)	kylki	[kylki]
costas (f pl)	selkä	[selkæ]
região (f) lombar	ristiselkä	[ristiselkæ]
cintura (f)	vyötärö	[uyøtærø]
umbigo (m)	napa	[nɑpɑ]
nádegas (f pl)	pakarat	[pɑkɑrɑt]
traseiro (m)	takapuoli	[tɑkɑpuoli]
sinal (m)	luomi	[luomi]
tatuagem (f)	tatuointi	[tɑtuojnti]
cicatriz (f)	arpi	[ɑrpi]

Vestuário & Acessórios

30. Roupa exterior. Casacos

roupa (f)	vaatteet	[ʋɑːtteːt]
roupa (f) exterior	päällysvaatteet	[pæːllys ʋɑːtteːt]
roupa (f) de inverno	talvivaatteet	[talʋi ʋɑːtteːt]
sobretudo (m)	takki	[takki]
casaco (m) de peles	turkki	[turkki]
casaco curto (m) de peles	puoliturkki	[puoli turkki]
casaco (m) acolchoado	untuvatakki	[untuʋatakki]
casaco, blusão (m)	takki	[takki]
impermeável (m)	sadetakki	[sadetakki]
impermeável	vedenpitävä	[ʋedenpitæʋæ]

31. Vestuário de homem & mulher

camisa (f)	paita	[pajta]
calças (f pl)	housut	[housut]
calças (f pl) de ganga	farkut	[farkut]
casaco (m) de fato	takki	[takki]
fato (m)	puku	[puku]
vestido (ex. ~ vermelho)	leninki	[leniŋki]
saia (f)	hame	[hame]
blusa (f)	pusero	[pusero]
casaco (m) de malha	villapusero	[ʋillapusero]
casaco, blazer (m)	jakku	[jakku]
T-shirt, camiseta (f)	T-paita	[tepajta]
calções (Bermudas, etc.)	sortsit	[sortsit]
fato (m) de treino	urheilupuku	[urhejlupuku]
roupão (m) de banho	froteinen aamutakki	[frotejnen ɑːmutakki]
pijama (m)	pyjama	[pyjama]
suéter (m)	villapaita	[ʋillapajta]
pulôver (m)	neulepusero	[neule pusero]
colete (m)	liivi	[liːʋi]
fraque (m)	frakki	[frakki]
smoking (m)	smokki	[smokki]
uniforme (m)	univormu	[uniʋormu]
roupa (f) de trabalho	työvaatteet	[tyøʋɑːtteːt]
fato-macaco (m)	haalari	[hɑːlari]
bata (~ branca, etc.)	lääkärintakki	[læːkærin takki]

32. Vestuário. Roupa interior

roupa (f) interior	alusvaatteet	[alusʋɑːtteːt]
camisola (f) interior	aluspaita	[aluspɑjtɑ]
peúgas (f pl)	sukat	[sukɑt]
camisa (f) de noite	pyjama	[pyjɑmɑ]
sutiã (m)	rintaliivit	[rintɑliːʋit]
meias longas (f pl)	polvisukat	[polʋisukɑt]
meias-calças (f pl)	sukkahousut	[sukkɑhousut]
meias (f pl)	sukat	[sukɑt]
fato (m) de banho	uimapuku	[ujmɑpuku]

33. Adereços de cabeça

chapéu (m)	hattu	[hɑttu]
chapéu (m) de feltro	fedora-hattu	[fedorɑ hɑttu]
boné (m) de beisebol	lippalakki	[lippɑlɑkki]
boné (m)	lakki	[lɑkki]
boina (f)	baskeri	[bɑskeri]
capuz (m)	huppu	[huppu]
panamá (m)	panama	[pɑnɑmɑ]
gorro (m) de malha	pipo	[pipo]
lenço (m)	huivi	[huiʋi]
chapéu (m) de mulher	hattu	[hɑttu]
capacete (m) de proteção	kypärä	[kypæræ]
bivaque (m)	suikka	[suikkɑ]
capacete (m)	kypärä	[kypæræ]
chapéu-coco (m)	knalli	[knɑlli]
chapéu (m) alto	silinterihattu	[silinteri hɑttu]

34. Calçado

calçado (m)	jalkineet	[jɑlkineːt]
botinas (f pl)	varsikengät	[ʋɑrsikeŋæt]
sapatos (de salto alto, etc.)	kengät	[keŋæt]
botas (f pl)	saappaat	[sɑːppɑːt]
pantufas (f pl)	tossut	[tossut]
ténis (m pl)	lenkkitossut	[leŋkkitossut]
sapatilhas (f pl)	lenkkarit	[leŋkkɑrit]
sandálias (f pl)	sandaalit	[sɑndɑːlit]
sapateiro (m)	suutari	[suːtɑri]
salto (m)	korko	[korko]
par (m)	pari	[pɑri]
atacador (m)	nauhat	[nɑuhɑt]

apertar os atacadores	**sitoa kengännauhat**	[sitoɑ keɲæŋɑuhɑt]
calçadeira (f)	**kenkälusikka**	[keŋkælusikkɑ]
graxa (f) para calçado	**kenkävoide**	[keŋkæuojde]

35. Têxtil. Tecidos

algodão (m)	**puuvilla**	[pu:uilɑ]
de algodão	**puuvillasta**	[pu:uillɑstɑ]
linho (m)	**pellava**	[pellauɑ]
de linho	**pellavasta**	[pellauɑstɑ]

seda (f)	**silkki**	[silkki]
de seda	**silkkinen**	[silkkinen]
lã (f)	**villa**	[uillɑ]
de lã	**villainen**	[uillɑjnen]

veludo (m)	**sametti**	[sɑmetti]
camurça (f)	**säämiskä**	[sæ:miskæ]
bombazina (f)	**sametti**	[sɑmetti]

náilon (m)	**nailon**	[nɑjlon]
de náilon	**nailonista**	[nɑjlonistɑ]
poliéster (m)	**polyesteri**	[polyesteri]
de poliéster	**polyesterinen**	[polyesterinen]

couro (m)	**nahka**	[nɑhkɑ]
de couro	**nahkainen**	[nɑhkɑjnen]
pele (f)	**turkis**	[turkis]
de peles, de pele	**turkis-**	[turkis]

36. Acessórios pessoais

luvas (f pl)	**käsineet**	[kæsine:t]
mitenes (f pl)	**lapaset**	[lɑpɑset]
cachecol (m)	**kaulaliina**	[kɑulɑli:nɑ]

óculos (m pl)	**silmälasit**	[silmælɑsit]
armação (f) de óculos	**kehys**	[kehys]
guarda-chuva (m)	**sateenvarjo**	[sɑte:nuɑrø]
bengala (f)	**kävelykeppi**	[kæuelykeppi]
escova (f) para o cabelo	**hiusharja**	[hiushɑrʲjɑ]
leque (m)	**viuhka**	[uiuhkɑ]

gravata (f)	**solmio**	[solmio]
gravata-borboleta (f)	**rusetti**	[rusetti]
suspensórios (m pl)	**henkselit**	[heŋkselit]
lenço (m)	**nenäliina**	[neɲæ li:nɑ]

pente (m)	**kampa**	[kɑmpɑ]
travessão (m)	**hiussolki**	[hiussolki]
gancho (m) de cabelo	**hiusneula**	[hiusneulɑ]
fivela (f)	**solki**	[solki]

| cinto (m) | vyö | [ʋyø] |
| correia (f) | hihna | [hihnɑ] |

mala (f)	laukku	[lɑukku]
mala (f) de senhora	käsilaukku	[kæsilɑukku]
mochila (f)	reppu	[reppu]

37. Vestuário. Diversos

moda (f)	muoti	[muoti]
na moda	muodikas	[muodikɑs]
estilista (m)	mallisuunnittelija	[mɑlli su:ŋittelijɑ]

colarinho (m), gola (f)	kaulus	[kɑulus]
bolso (m)	tasku	[tɑsku]
de bolso	tasku-	[tɑsku]
manga (f)	hiha	[hihɑ]
presilha (f)	silmukka	[silmukkɑ]
braguilha (f)	halkio	[hɑlkio]

fecho (m) de correr	vetoketju	[ʋetoketʲju]
fecho (m), colchete (m)	kiinnitin	[ki:iŋitin]
botão (m)	nappi	[nɑppi]
casa (f) de botão	napinläpi	[nɑpinʌæpi]
saltar (vi) (botão, etc.)	irtautua	[irtɑutuɑ]

coser, costurar (vi)	ommella	[ommellɑ]
bordar (vt)	kirjoa	[kirʰøɑ]
bordado (m)	kirjonta	[kirʰøntɑ]
agulha (f)	neula	[neulɑ]
fio (m)	lanka	[lɑŋkɑ]
costura (f)	sauma	[sɑumɑ]

sujar-se (vr)	tahraantua	[tɑhrɑːntuɑ]
mancha (f)	tahra	[tɑhrɑ]
engelhar-se (vr)	rypistyä	[rypistyæ]
rasgar (vt)	repiä	[repiæ]
traça (f)	koi	[koj]

38. Cuidados pessoais. Cosméticos

pasta (f) de dentes	hammastahna	[hɑmmɑs tɑhnɑ]
escova (f) de dentes	hammasharja	[hɑmmɑs hɑrʲja]
escovar os dentes	harjata hampaita	[hɑrʲjɑtɑ hɑmpɑjtɑ]

máquina (f) de barbear	partaveitsi	[pɑrtɑʋejtsi]
creme (m) de barbear	partavaahdoke	[pɑrtɑʋɑ:hdoke]
barbear-se (vr)	ajaa partansa	[ɑja: pɑrtɑnsɑ]

sabonete (m)	saippua	[sɑjppuɑ]
champô (m)	sampoo	[sɑmpo:]
tesoura (f)	sakset	[sɑkset]

lima (f) de unhas	kynsiviila	[kynsiui:ila]
corta-unhas (m)	kynsileikkuri	[kynsilejkkuri]
pinça (f)	pinsetit	[pinsetit]

cosméticos (m pl)	meikki	[mejkki]
máscara (f) facial	naamio	[na:mio]
manicura (f)	kynsienhoito	[kynsienhojto]
fazer a manicura	hoitaa kynsiä	[hojta: kynsiæ]
pedicure (f)	jalkojenhoito	[jalkojenhojto]

mala (f) de maquilhagem	meikkipussi	[mejkkipussi]
pó (m)	puuteri	[pu:teri]
caixa (f) de pó	puuterirasia	[pu:terirasia]
blush (m)	poskipuna	[poskipuna]

perfume (m)	parfyymi	[parfy:mi]
água (f) de toilette	hajuvesi	[hajuuesi]
loção (f)	kasvovesi	[kasuouesi]
água-de-colónia (f)	kölninvesi	[køluinuesi]

sombra (f) de olhos	luomiväri	[luomiuæri]
lápis (m) delineador	rajauskynä	[rajauskyɲæ]
máscara (f), rímel (m)	ripsiväri	[ripsiuæri]

batom (m)	huulipuna	[hu:lipuna]
verniz (m) de unhas	kynsilakka	[kynsilakka]
laca (f) para cabelos	hiuslakka	[hiuslakka]
desodorizante (m)	deodorantti	[deodorantti]

creme (m)	voide	[uojde]
creme (m) de rosto	kasvovoide	[kasuouojde]
creme (m) de mãos	käsivoide	[kæsiuojde]
creme (m) antirrugas	ryppyvoide	[ryppyuojde]
de dia	päivä-	[pæjuæ]
da noite	yöllinen	[yøllinen]

tampão (m)	tamponi	[tamponi]
papel (m) higiénico	vessapaperi	[uessapaperi]
secador (m) elétrico	hiustenkuivain	[hiusten kujuajn]

39. Joalheria

joias (f pl)	korut	[korut]
precioso	kallisarvoinen	[kallisaruojnen]
marca (f) de contraste	tarkastusleimaus	[tarkastus lejmaus]

anel (m)	sormus	[sormus]
aliança (f)	vihkisormus	[uihkisormus]
pulseira (f)	rannerengas	[raɲereŋas]

brincos (m pl)	korvarenkaat	[koruareŋka:t]
colar (m)	kaulakoru	[kaulakoru]
coroa (f)	kruunu	[kru:nu]
colar (m) de contas	helmet	[helmet]

diamante (m)	timantti	[timɑntti]
esmeralda (f)	smaragdi	[smɑrɑgdi]
rubi (m)	rubiini	[rubi:ini]
safira (f)	safiiri	[sɑfi:iri]
pérola (f)	helmet	[helmet]
âmbar (m)	meripihka	[meri pihkɑ]

40. Relógios de pulso. Relógios

relógio (m) de pulso	rannekello	[rɑŋekello]
mostrador (m)	numerotaulu	[numerotɑulu]
ponteiro (m)	osoitin	[osojtin]
bracelete (f) em aço	rannerengas	[rɑŋereŋɑs]
bracelete (f) em pele	hihna	[hihnɑ]

pilha (f)	paristo	[pɑristo]
descarregar-se	olla kulunut loppuun	[ollɑ kulunut loppu:n]
trocar a pilha	vaihtaa paristo	[ʋɑjhtɑ: pɑristo]
estar adiantado	edistää	[edistæ:]
estar atrasado	jätättää	[ætættæ:]

relógio (m) de parede	seinäkello	[sejnækello]
ampulheta (f)	tiimalasi	[ti:imɑlɑsi]
relógio (m) de sol	aurinkokello	[ɑuriŋko kello]
despertador (m)	herätyskello	[herætys kello]
relojoeiro (m)	kelloseppä	[kelloseppæ]
reparar (vt)	korjata	[korʰjɑtɑ]

Alimantaçáo. Nutriçáo

41. Comida

carne (f)	liha	[liha]
galinha (f)	kana	[kana]
frango (m)	kananpoika	[kanan pojka]
pato (m)	ankka	[aŋkka]
ganso (m)	hanhi	[hanhi]
caça (f)	riista	[riːista]
peru (m)	kalkkuna	[kalkkuna]
carne (f) de porco	sianliha	[sian liha]
carne (f) de vitela	vasikanliha	[vasikan liha]
carne (f) de carneiro	lampaanliha	[lampaːn liha]
carne (f) de vaca	naudanliha	[naudan liha]
carne (f) de coelho	kaniini	[kaniːini]
chouriço, salsichão (m)	makkara	[makkara]
salsicha (f)	nakki	[nakki]
bacon (m)	pekoni	[pekoni]
fiambre (f)	kinkku	[kiŋkku]
presunto (m)	kinkku	[kiŋkku]
patê (m)	tahna	[tahna]
fígado (m)	maksa	[maksa]
carne (f) moída	jauheliha	[jauheliha]
língua (f)	kieli	[kieli]
ovo (m)	muna	[muna]
ovos (m pl)	munat	[munat]
clara (f) do ovo	valkuainen	[valkuajnen]
gema (f) do ovo	keltuainen	[keltuajnen]
peixe (m)	kala	[kala]
marisco (m)	äyriäiset	[æuriæjset]
caviar (m)	kaviaari	[kauiaːri]
caranguejo (m)	kuningasrapu	[kuniŋasrapu]
camarão (m)	katkarapu	[katkarapu]
ostra (f)	osteri	[osteri]
lagosta (f)	langusti	[laŋusti]
polvo (m)	meritursas	[meritursas]
lula (f)	kalmari	[kalmari]
esturjão (m)	sampi	[sampi]
salmão (m)	lohi	[lohi]
halibute (m)	pallas	[pallas]
bacalhau (m)	turska	[turska]
cavala, sarda (f)	makrilli	[makrilli]

atum (m)	tonnikala	[toŋikala]
enguia (f)	ankerias	[aŋkerias]
truta (f)	lohi	[lohi]
sardinha (f)	sardiini	[sardi:ini]
lúcio (m)	hauki	[hauki]
arenque (m)	silli	[silli]
pão (m)	leipä	[lejpæ]
queijo (m)	juusto	[ju:sto]
açúcar (m)	sokeri	[sokeri]
sal (m)	suola	[suola]
arroz (m)	riisi	[ri:isi]
massas (f pl)	makaronit	[makaronit]
talharim (m)	nuudeli	[nu:deli]
manteiga (f)	voi	[ʋoj]
óleo (m) vegetal	kasviöljy	[kasʋi ølʰy]
óleo (m) de girassol	auringonkukkaöljy	[auriŋon kukka ølʰy]
margarina (f)	margariini	[margari:ini]
azeitonas (f pl)	oliivit	[oli:iʋit]
azeite (m)	oliiviöljy	[oli:iʋi ølʰy]
leite (m)	maito	[majto]
leite (m) condensado	maitotiiviste	[majto ti:iʋiste]
iogurte (m)	jogurtti	[øgurtti]
nata (f)	hapankerma	[hapan kerma]
nata (f) do leite	kerma	[kerma]
maionese (f)	majoneesi	[maøne:si]
creme (m)	kreemi	[kre:mi]
grãos (m pl) de cereais	suurimot	[su:rimot]
farinha (f)	jauhot	[jauhot]
enlatados (m pl)	säilykkeet	[sæjlykke:t]
flocos (m pl) de milho	maissimurot	[majssi murot]
mel (m)	hunaja	[hunaja]
doce (m)	hillo	[hillo]
pastilha (f) elástica	purukumi	[purukumi]

42. Bebidas

água (f)	vesi	[ʋesi]
água (f) potável	juomavesi	[juomaʋesi]
água (f) mineral	kivennäisvesi	[kiʋeŋæjs ʋesi]
sem gás	ilman hiilihappoa	[ilman hi:ili happoa]
gaseificada	hiilihappovettä	[hi:ili happoʋetta]
com gás	hiilihappoinen	[hi:ili happojnen]
gelo (m)	jää	[jæ:]
com gelo	jään kanssa	[jæ:n kanssa]

sem álcool	alkoholiton	[alkoholiton]
bebida (f) sem álcool	alkoholiton juoma	[alkoholiton juoma]
refresco (m)	virvoitusjuoma	[ʋirʋojtus juoma]
limonada (f)	limonaati	[limona:ti]

bebidas (f pl) alcoólicas	alkoholijuomat	[alkoholi juomat]
vinho (m)	viini	[ʋi:ini]
vinho (m) branco	valkoviini	[ʋalko ʋi:ini]
vinho (m) tinto	punaviini	[puna ʋi:ini]

licor (m)	likööri	[likø:ri]
champanhe (m)	samppanja	[samppanʰja]
vermute (m)	vermutti	[ʋermutti]

uísque (m)	viski	[ʋiski]
vodka (f)	viina	[ʋi:ina]
gim (m)	gini	[gini]
conhaque (m)	konjakki	[konʰjakki]
rum (m)	rommi	[rommi]

café (m)	kahvi	[kahʋi]
café (m) puro	musta kahvi	[musta kahʋi]
café (m) com leite	maitokahvi	[majto kahʋi]
cappuccino (m)	kahvi kerman kera	[kahʋi kerman kera]
café (m) solúvel	murukahvi	[muru kahʋi]

leite (m)	maito	[majto]
coquetel (m)	cocktail	[koktejl]
batido (m) de leite	pirtelö	[pirtelø]

sumo (m)	mehu	[mehu]
sumo (m) de tomate	tomaattimehu	[toma:tti mehu]
sumo (m) de laranja	appelsiinimehu	[appelsi:ini mehu]
sumo (m) fresco	tuoremehu	[tuore mehu]

cerveja (f)	olut	[olut]
cerveja (f) clara	vaalea olut	[ʋa:lea olut]
cerveja (f) preta	tumma olut	[tumma olut]

chá (m)	tee	[te:]
chá (m) preto	musta tee	[musta te:]
chá (m) verde	vihreä tee	[ʋihreæ te:]

43. Vegetais

| legumes (m pl) | vihannekset | [ʋihaŋekset] |
| verduras (f pl) | kasvikset | [kasʋikset] |

tomate (m)	tomaatti	[toma:tti]
pepino (m)	kurkku	[kurkku]
cenoura (f)	porkkana	[porkkana]
batata (f)	peruna	[peruna]
cebola (f)	sipuli	[sipuli]
alho (m)	valkosipuli	[ʋalko sipuli]

couve (f)	kaali	[kɑːli]
couve-flor (f)	kukkakaali	[kukkɑkɑːli]
couve-de-bruxelas (f)	brysselinkaali	[brysseliŋkɑːli]
brócolos (m pl)	brokkolikaali	[brokkoli kɑːli]

beterraba (f)	punajuuri	[punɑjuːri]
beringela (f)	munakoiso	[munɑkojso]
curgete (f)	kesäkurpitsa	[kesækurpitsɑ]
abóbora (f)	kurpitsa	[kurpitsɑ]
nabo (m)	nauris	[nɑuris]

salsa (f)	persilja	[persilʰæ]
funcho, endro (m)	tilli	[tilli]
alface (f)	salaatti	[sɑlɑːtti]
aipo (m)	selleri	[selleri]
espargo (m)	parsa	[pɑrsɑ]
espinafre (m)	pinaatti	[pinɑːtti]

ervilha (f)	herne	[herne]
fava (f)	pavut	[pɑʊut]
milho (m)	maissi	[mɑjssi]
feijão (m)	pavut	[pɑʊut]

pimentão (m)	paprika	[pɑprikɑ]
rabanete (m)	retiisi	[retiːisi]
alcachofra (f)	artisokka	[ɑrtisokkɑ]

44. Frutos. Nozes

fruta (f)	hedelmä	[hedelmæ]
maçã (f)	omena	[omenɑ]
pera (f)	päärynä	[pæːryɲæ]
limão (m)	sitruuna	[sitruːnɑ]
laranja (f)	appelsiini	[ɑppelsiːini]
morango (m)	mansikka	[mɑnsikkɑ]

tangerina (f)	mandariini	[mɑndɑriːini]
ameixa (f)	luumu	[luːmu]
pêssego (m)	persikka	[persikkɑ]
damasco (m)	aprikoosi	[ɑprikoːsi]
framboesa (f)	vadelma	[ʊɑdelmɑ]
ananás (m)	ananas	[ɑnɑnɑs]

banana (f)	banaani	[bɑnɑːni]
melancia (f)	vesimeloni	[ʊesi meloni]
uva (f)	viinirypäleet	[ʊiːinirypæleːt]
ginja (f)	hapankirsikka	[hɑpɑn kirsikkɑ]
cereja (f)	linnunkirsikka	[liɲun kirsikkɑ]
meloa (f)	meloni	[meloni]

toranja (f)	greippi	[grejppi]
abacate (m)	avokado	[ɑʊokɑdo]
papaia (f)	papaija	[pɑpɑijɑ]
manga (f)	mango	[mɑŋo]

romã (f)	granaattiomena	[grɑnɑ:tti omena]
groselha (f) vermelha	punaherukka	[punɑherukkɑ]
groselha (f) preta	mustaherukka	[mustɑherukkɑ]
groselha (f) espinhosa	karviaiset	[kɑrʋiɑjset]
mirtilo (m)	mustikka	[mustikkɑ]
amora silvestre (f)	vatukka	[ʋɑtukkɑ]

uvas (f pl) passas	rusinat	[rusinɑt]
figo (m)	viikuna	[ʋi:ikunɑ]
tâmara (f)	taateli	[tɑ:teli]

amendoim (m)	maapähkinä	[mɑ:pæhkiɲæ]
amêndoa (f)	manteli	[mɑnteli]
noz (f)	saksanpähkinä	[sɑksɑn pæhkiɲæ]
avelã (f)	hasselpähkinä	[hɑssel pæhkiɲæ]
coco (m)	kookospähkinä	[ko:kos pæhkiɲæ]
pistáchios (m pl)	pistaasi	[pistɑ:si]

45. Páo. Bolaria

pastelaria (f)	makeiset	[mɑkejs et]
pão (m)	leipä	[lejpæ]
bolacha (f)	keksit	[keksit]

chocolate (m)	suklaa	[suklɑ:]
de chocolate	suklaa-	[suklɑ:]
rehuçado (m)	karamelli	[kɑrɑmelli]
bolo (cupcake, etc.)	leivos	[lejʋos]
bolo (m) de aniversário	kakku	[kɑkku]

| tarte (~ de maçã) | piirakka | [pi:irɑkkɑ] |
| recheio (m) | täyte | [tæyte] |

doce (m)	hillo	[hillo]
geleia (f) de frutas	marmeladi	[mɑrmelɑdi]
waffle (m)	vohvelit	[ʋohʋelit]
gelado (m)	jäätelö	[jæ:telø]

46. Pratos cozinhados

prato (m)	ruoka	[ruokɑ]
cozinha (~ portuguesa)	keittiö	[kejttiø]
receita (f)	resepti	[resepti]
porção (f)	annos	[ɑŋos]

| salada (f) | salaatti | [sɑlɑ:tti] |
| sopa (f) | keitto | [kejtto] |

caldo (m)	liemi	[liemi]
sandes (f)	voileipä	[ʋoj lejpæ]
ovos (m pl) estrelados	paistettu muna	[pɑjstettu munɑ]
hambúrguer (m)	hampurilainen	[hɑmpurilɑjnen]

bife (m)	pihvi	[pihʋi]
conduto (m)	lisäke	[lisæke]
espaguete (m)	spagetti	[spagetti]
puré (m) de batata	perunasose	[peruna sose]
pizza (f)	pizza	[pitsa]
papa (f)	puuro	[pu:ro]
omelete (f)	munakas	[munakas]

cozido em água	keitetty	[kejtetty]
fumado	savustettu	[saʋustettu]
frito	paistettu	[pajstettu]
seco	kuivattu	[kujʋattu]
congelado	jäädytetty	[jæ:dytetty]
em conserva	marinoitu	[marinojtu]

doce (açucarado)	makea	[makea]
salgado	suolainen	[suolajnen]
frio	kylmä	[kylmæ]
quente	kuuma	[ku:ma]
amargo	karvas	[karʋas]
gostoso	maukas	[maukas]

cozinhar (em água a ferver)	keittää	[kejttæ:]
fazer, preparar (vt)	laittaa ruokaa	[lajtta: ruoka:]
fritar (vt)	paistaa	[pajsta:]
aquecer (vt)	lämmittää	[ʎæmmittæ:]

salgar (vt)	suolata	[suolata]
apimentar (vt)	pippuroida	[pippurojda]
ralar (vt)	raastaa	[ra:sta:]
casca (f)	kuori	[kuori]
descascar (vt)	kuoria	[kuoria]

47. Especiarias

sal (m)	suola	[suola]
salgado	suolainen	[suolajnen]
salgar (vt)	suolata	[suolata]

pimenta (f) preta	musta pippuri	[musta pippuri]
pimenta (f) vermelha	kuuma pippuri	[ku:ma pippuri]
mostarda (f)	sinappi	[sinappi]
raiz-forte (f)	piparjuuri	[piparʰju:ri]

condimento (m)	höyste	[høyste]
especiaria (f)	mauste	[mauste]
molho (m)	kastike	[kastike]
vinagre (m)	etikka	[etikka]

anis (m)	anis	[anis]
manjericão (m)	basilika	[basilika]
cravo (m)	neilikka	[nejlikka]
gengibre (m)	inkivääri	[iŋkiʋæ:ri]
coentro (m)	korianteri	[korianteri]

canela (f)	kaneli	[kaneli]
sésamo (m)	seesami	[se:sami]
folhas (f pl) de louro	laakerinlehti	[la:kerin lehti]
páprica (f)	paprika	[paprika]
cominho (m)	kumina	[kumina]
açafrão (m)	sahrami	[sahrami]

48. Refeições

comida (f)	ruoka	[ruoka]
comer (vt)	syödä	[syødæ]

pequeno-almoço (m)	aamiainen	[a;miajnen]
tomar o pequeno-almoço	syödä aamiaista	[syødæ a:miajsta]
almoço (m)	päivällinen	[pæjuællinen]
almoçar (vi)	syödä päivällistä	[syødæ pæjuællistæ]
jantar (m)	illallinen	[illallinen]
jantar (vi)	illastaa	[illasta:]

apetite (m)	ruokahalu	[ruokahalu]
Bom apetite!	Hyvää ruokahalua!	[hyuæ: ruokahalua]

abrir (~ uma lata, etc.)	avata	[auata]
derramar (vt)	kaataa	[ka:ta:]
derramar-se (vr)	kaatua	[ka:tua]
ferver (vi)	kiehua	[kiehua]
ferver (vt)	keittää	[kejttæ:]
fervido	keitetty	[kejtetty]
arrefecer (vt)	jäähdyttää	[jæ:hdyttæ:]
arrefecer-se (vr)	jäähtyä	[jæ:htyæ]

sabor, gosto (m)	maku	[maku]
gostinho (m)	sivumaku	[siuumaku]

fazer dieta	olla dieetillä	[olla die:tiʌæ]
dieta (f)	dieetti	[die:ti]
vitamina (f)	vitamiini	[uitami:ini]
caloria (f)	kalori	[kalori]
vegetariano (m)	kasvissyöjä	[kasuissyøjæ]
vegetariano	kasvis-	[kasuis]

gorduras (f pl)	rasvat	[rasuat]
proteínas (f pl)	valkuaisaineet	[ualku ajsajne:t]
carboidratos (m pl)	hiilihydraatit	[hi:ili hydra:tit]
fatia (~ de limão, etc.)	viipale	[ui:ipale]
pedaço (~ de bolo)	pala	[pala]
migalha (f)	muru	[muru]

49. Por a mesa

colher (f)	lusikka	[lusikka]
faca (f)	veitsi	[uejtsi]

garfo (m)	haarukka	[haːrukka]
chávena (f)	kuppi	[kuppi]
prato (m)	lautanen	[lautanen]
pires (m)	teevati	[teːvati]
guardanapo (m)	lautasliina	[lautasliːina]
palito (m)	hammastikku	[hammas tikku]

50. Restaurante

restaurante (m)	ravintola	[ravintola]
café (m)	kahvila	[kahvila]
bar (m), cervejaria (f)	baari	[baːri]
salão (m) de chá	teehuone	[teː huone]

empregado (m) de mesa	tarjoilija	[tarʰøjlija]
empregada (f) de mesa	tarjoilijatar	[tarʰøjlijatar]
barman (m)	baarimestari	[baːrimestari]

ementa (f)	ruokalista	[ruoka lista]
lista (f) de vinhos	viinilista	[viːini lista]
reservar uma mesa	varata pöytä	[varata pøytæ]

prato (m)	ruoka	[ruoka]
pedir (vt)	tilata	[tilata]
fazer o pedido	tilata	[tilata]

aperitivo (m)	aperitiivi	[aperitiːivi]
entrada (f)	alkupalat	[alkupalat]
sobremesa (f)	jälkiruoka	[jælkiruoka]

conta (f)	lasku	[lasku]
pagar a conta	maksaa lasku	[maksaː lasku]
dar o troco	antaa rahasta takaisin	[antaː rahasta takajsin]
gorjeta (f)	juomaraha	[juomaraha]

Família, parentes e amigos

51. Informação pessoal. Formulários

nome (m)	nimi	[nimi]
apelido (m)	sukunimi	[sukunimi]
data (f) de nascimento	syntymäpäivä	[syntymæ pæjʋæ]
local (m) de nascimento	syntymäpaikka	[syntymæ pɑjkkɑ]
nacionalidade (f)	kansallisuus	[kɑnsɑllisu:s]
lugar (m) de residência	asuinpaikka	[ɑsujnpɑjkkɑ]
país (m)	maa	[mɑ:]
profissão (f)	ammatti	[ɑmmɑtti]
sexo (m)	sukupuoli	[sukupuoli]
estatura (f)	pituus	[pitu:s]
peso (m)	paino	[pɑjno]

52. Membros da família. Parentes

mãe (f)	äiti	[æjti]
pai (m)	isä	[isæ]
filho (m)	poika	[pojkɑ]
filha (f)	tytär	[tytær]
filha (f) mais nova	nuorempi tytär	[nuorempi tytær]
filho (m) mais novo	nuorempi poika	[nuorempi pojkɑ]
filha (f) mais velha	vanhempi tytär	[ʋɑnhempi tytær]
filho (m) mais velho	vanhempi poika	[ʋɑnhempi pojkɑ]
irmão (m)	veli	[ʋeli]
irmã (f)	sisar	[sisɑr]
primo (m)	serkku	[serkku]
prima (f)	serkku	[serkku]
mamã (f)	äiti	[æjti]
papá (m)	isä	[isæ]
pais (pl)	vanhemmat	[ʋɑnhemmɑt]
criança (f)	lapsi	[lɑpsi]
crianças (f pl)	lapset	[lɑpset]
avó (f)	isoäiti	[isoæjti]
avô (m)	isoisä	[isoisæ]
neto (m)	lapsenlapsi	[lɑpsenlɑpsi]
neta (f)	lapsenlapsi	[lɑpsenlɑpsi]
netos (pl)	lastenlapset	[lɑsten lɑpset]
tio (m)	setä	[setæ]
tia (f)	täti	[tæti]

| sobrinho (m) | veljenpoika | [veʎæn pojka] |
| sobrinha (f) | sisarenpoika | [sisaren pojka] |

sogra (f)	anoppi	[anoppi]
sogro (m)	appi	[appi]
genro (m)	vävy	[væuy]
madrasta (f)	äitipuoli	[æjtipuoli]
padrasto (m)	isäpuoli	[isæpuoli]

criança (f) de colo	rintalapsi	[rintalapsi]
bebé (m)	vauva	[vauva]
menino (m)	pienokainen	[pienokajnen]

mulher (f)	vaimo	[vajmo]
marido (m)	mies	[mies]
esposo (m)	aviomies	[auiomies]
esposa (f)	aviovaimo	[auiovajmo]

casado	naimisissa oleva	[najmisissa oleva]
casada	naimisissa oleva	[najmisissa oleva]
solteiro	naimaton	[najmaton]
solteirão (m)	poikamies	[pojkamies]
divorciado	eronnut	[eroŋut]
viúva (f)	leski	[leski]
viúvo (m)	leski	[leski]

parente (m)	sukulainen	[sukulajnen]
parente (m) próximo	lähisukulainen	[ʎæhi sukulajnen]
parente (m) distante	kaukainen sukulainen	[kaukajnen sukulajnen]
parentes (m pl)	omanlaiset	[omanlajset]

órfão (m), órfã (f)	orpo	[orpo]
tutor (m)	holhooja	[holho:ja]
adotar (um filho)	ottaa pojaksi	[otta: pojaksi]
adotar (uma filha)	ottaa tyttäreksi	[otta: tyttæreksi]

53. Amigos. Colegas de trabalho

amigo (m)	ystävä	[ystæuæ]
amiga (f)	ystävätär	[ystæuætær]
amizade (f)	ystävyys	[ystæuy:s]
ser amigos	olla ystäviä keskenään	[olla ystæuiæ keskenæ:n]

amigo (m)	kaveri	[kaueri]
amiga (f)	kaveri	[kaueri]
parceiro (m)	partneri	[partneri]

chefe (m)	esimies	[esimies]
superior (m)	päällikkö	[pæ:likkø]
subordinado (m)	alainen	[alajnen]
colega (m)	virkatoveri	[uirka toueri]

| conhecido (m) | tuttava | [tuttava] |
| companheiro (m) de viagem | matkakumppani | [matka kumppani] |

colega (m) de classe	luokkatoveri	[luokka toveri]
vizinho (m)	naapuri	[naːpuri]
vizinha (f)	naapuri	[naːpuri]
vizinhos (pl)	naapurit	[naːpurit]

54. Homem. Mulher

mulher (f)	nainen	[nɑjnen]
rapariga (f)	neiti	[nejti]
noiva (f)	morsian	[morsiɑn]
bonita	kaunis	[kɑunis]
alta	pitkä	[pitkæ]
esbelta	solakka	[solɑkkɑ]
de estatura média	pienikokoinen	[pienikokojnen]
loura (f)	vaaleaverikkö	[ʋɑːleɑ ʋerikkø]
morena (f)	tummaverikkö	[tummɑ ʋerikkø]
de senhora	naisten	[nɑjsten]
virgem (f)	impi	[impi]
grávida	raskaana oleva	[rɑskɑːnɑ oleʋɑ]
homem (m)	mies	[mies]
louro (m)	vaaleaverinen mies	[ʋɑːleɑʋerinenmies]
moreno (m)	tummaverinen mies	[tummɑʋerinenmies]
alto	korkea	[korkeɑ]
de estatura média	pienikokoinen	[pienikokojnen]
rude	karkea	[kɑrkeɑ]
atarracado	tanakka	[tɑnɑkkɑ]
robusto	vahva	[ʋɑhʋɑ]
forte	voimakas	[ʋojmɑkɑs]
força (f)	voima	[ʋojmɑ]
gordo	lihava	[lihɑʋɑ]
moreno	tummaihoinen	[tummɑihojnen]
esbelto	solakka	[solɑkkɑ]
elegante	tyylikäs	[tyːlikæs]

55. Idade

idade (f)	ikä	[ikæ]
juventude (f)	nuoruus	[nuoruːs]
jovem	nuori	[nuori]
mais novo	nuorempi	[nuorempi]
mais velho	vanhempi	[ʋɑnhempi]
jovem (m)	nuorukainen	[nuorukɑjnen]
adolescente (m)	teini-ikäinen	[tejni ikæjnen]
rapaz (m)	poika	[pojkɑ]

velhote (m)	vanhus	[ʋɑnhus]
velhota (f)	eukko	[eukko]

adulto	aikuinen	[ɑjkujnen]
de meia-idade	keski-ikäinen	[keski ikæjnen]
de certa idade	iäkäs	[jækæs]
idoso	vanha	[ʋɑnhɑ]

reforma (f)	eläke	[eʌæke]
reformar-se (vr)	jäädä eläkkeelle	[jæ:dæ eʌække:lle]
reformado (m)	eläkeläinen	[eʌækeʌæjnen]

56. Crianças

criança (f)	lapsi	[lɑpsi]
crianças (f pl)	lapset	[lɑpset]
gémeos (m pl)	kaksoset	[kɑksoset]

berço (m)	kätkyt, kehto	[kætkyt], [kehto]
guizo (m)	helistin	[helistin]
fralda (f)	vaippa	[ʋɑjppɑ]

chupeta (f)	tutti	[tutti]
carrinho (m) de bebé	lastenvaunut	[lɑsten ʋɑunut]
jardim (m) de infância	lastentarha	[lɑsten tɑrhɑ]
babysitter (f)	lastenhoitaja	[lɑsten hojtɑjɑ]

infância (f)	lapsuus	[lɑpsu:s]
boneca (f)	nukke	[nukke]
brinquedo (m)	lelu	[lelu]
jogo (m) de armar	rakennussarja	[rɑkeŋus sɑrʰjɑ]

bem-educado	hyvin kasvatettu	[hyʋin kɑsʋɑtettu]
mal-educado	kasvattamaton	[kɑsʋɑttɑmɑton]
mimado	lellitelty	[lellitelty]

ser travesso	peuhata	[peuhɑtɑ]
travesso, traquinas	vallaton	[ʋɑllɑton]
travessura (f)	vallattomuus	[ʋɑllɑttomu:s]
criança (f) travessa	veitikka	[ʋejtikkɑ]

obediente	kiltti	[kiltti]
desobediente	tottelematon	[tottelemɑton]

dócil	järkevä	[jærkeʋæ]
inteligente	älykäs	[ælykæs]
menino (m) prodígio	ihmelapsi	[ihmelɑpsi]

57. Casais. Vida de família

beijar (vt)	suudella	[su:dellɑ]
beijar-se (vr)	suudella toisiaan	[su:dellɑ tojsiɑ:n]

família (f)	perhe	[perhe]
familiar	perheellinen	[perhe:llinen]
casal (m)	pariskunta	[pariskunta]
matrimónio (m)	avioliitto	[avioli:itto]
lar (m)	kotiliesi	[kotiliesi]
dinastia (f)	hallitsijasuku	[hallitsija suku]

encontro (m)	tapaaminen	[tapa:minen]
beijo (m)	suudelma	[su:delma]

amor (m)	rakkaus	[rakkaus]
amar (vt)	rakastaa	[rakasta:]
amado, querido	rakas	[rakas]

ternura (f)	hellyys	[helly:s]
terno, afetuoso	hellä	[heʌæ]
fidelidade (f)	uskollisuus	[uskollisu:s]
fiel	uskollinen	[uskollinen]
cuidado (m)	huoli	[huoli]
carinhoso	huolehtivainen	[huolehtivajnen]

recém-casados (m pl)	nuoripari	[nuori pari]
lua de mel (f)	kuherruskuukausi	[kuherrus ku: kausi]
casar-se (com um homem)	mennä naimisiin	[meɳæ na:jmisi:in]
casar-se (com uma mulher)	mennä naimisiin	[meɳæ na:jmisi:in]

boda (f)	häät	[hæ:t]
bodas (f pl) de ouro	kultahäät	[kultahæ:t]
aniversário (m)	vuosipäivä	[vuosipæjvæ]

amante (m)	rakastaja	[rakastaja]
amante (f)	rakastajatar	[rakastajatar]

adultério (m)	petos	[petos]
cometer adultério	pettää	[pettæ:]
ciumento	mustasukkainen	[musta sukkajnen]
ser ciumento	olla mustasukkainen	[olla musta sukkajnen]
divórcio (m)	ero	[ero]
divorciar-se (vr)	erota	[erota]

brigar (discutir)	riidellä	[ri:ideʌæ]
fazer as pazes	tehdä sovinto	[tehdæ sovinto]
juntos	yhdessä	[yhdessæ]
sexo (m)	seksi	[seksi]

felicidade (f)	onni	[oɳi]
feliz	onnellinen	[oɳellinen]
infelicidade (f)	onnettomuus	[oɳettomu:s]
infeliz	onneton	[oɳeton]

Caráter. Sentimentos. Emoções

58. Sentimentos. Emoções

sentimento (m)	tunne	[tuŋe]
sentimentos (m pl)	tunteet	[tunte:t]
sentir (vt)	tuntea	[tuntea]
fome (f)	nälkä	[ɲælkæ]
ter fome	olla nälkä	[olla ɲælkæ]
sede (f)	jano	[jano]
ter sede	olla jano	[olla æno]
sonolência (f)	uneliaisuus	[uneliɑjsu:s]
estar sonolento	haluta nukkua	[haluta nukkua]
cansaço (m)	väsymys	[ʋæsymys]
cansado	väsynyt	[ʋæsynyt]
ficar cansado	väsyä	[ʋæsyæ]
humor (m)	mieli	[mieli]
tédio (m)	ikävä	[ikæʋæ]
aborrecer-se (vr)	ikävöidä	[ikæʋøjdæ]
isolamento (m)	yksinäisyys	[yksiɲæjsy:s]
isolar-se	eristäytyä	[eristæytyæ]
preocupar (vt)	huolestuttaa	[huolestutta:]
preocupar-se (vr)	olla huolissaan	[olla huolissa:n]
preocupação (f)	levottomuus	[leʋottomu:s]
ansiedade (f)	huolestus	[huolestus]
preocupado	huolestunut	[huolestunut]
estar nervoso	hermostua	[hermostua]
entrar em pânico	olla paniikissa	[olla pani:ikissa]
esperança (f)	toivo	[tojʋo]
esperar (vt)	toivoa	[tojʋoa]
certeza (f)	varmuus	[ʋarmu:s]
certo	varma	[ʋarma]
indecisão (f)	epävarmuus	[epæʋarmu:s]
indeciso	epävarma	[epæʋarma]
ébrio, bêbado	juopunut	[juopunut]
sóbrio	selvä	[selʋæ]
fraco	heikko	[hejkko]
feliz	onnellinen	[oŋellinen]
assustar (vt)	pelottaa	[pelotta:]
fúria (f)	raivo	[rajʋo]
ira, raiva (f)	raivo	[rajʋo]
depressão (f)	masennus	[maseŋus]
desconforto (m)	epämukavuus	[epæmukaʋu:s]

conforto (m)	mukavuudet	[mukaʋu:det]
arrepender-se (vr)	sääliä	[sæ:liæ]
arrependimento (m)	sääli	[sæ:li]
azar (m), má sorte (f)	huono onni	[huono oŋi]
tristeza (f)	mielipaha	[mieli paha]
vergonha (f)	häpeä	[hæpeæ]
alegria (f)	ilo	[ilo]
entusiasmo (m)	into	[into]
entusiasta (m)	intoilija	[intoilija]
mostrar entusiasmo	osoittaa innostus	[osojtta: iŋostus]

59. Caráter. Personalidade

caráter (m)	luonne	[luoŋe]
falha (f) de caráter	vajaus	[ʋajaus]
mente (f), razão (f)	järki	[jærki]
consciência (f)	omatunto	[omatunto]
hábito (m)	tottumus	[tottumus]
habilidade (f)	kyky	[kyky]
saber (~ nadar, etc.)	osata	[osata]
paciente	kärsivällinen	[kærsiʋællinen]
impaciente	kärsimätön	[kærsimætøn]
curioso	utelias	[utelias]
curiosidade (f)	uteliaisuus	[uteliajsu:s]
modéstia (f)	vaatimattomuus	[ʋa:timattomu:s]
modesto	vaatimaton	[ʋa:timaton]
imodesto	epähieno	[epæhieno]
preguiça (f)	laiskuus	[lajsku:s]
preguiçoso	laiska	[lajska]
preguiçoso (m)	laiskuri	[lajskuri]
astúcia (f)	viekkaus	[ʋiekkaus]
astuto	viekas	[ʋiekas]
desconfiança (f)	epäluottamus	[epæluottamus]
desconfiado	epäuuloinen	[epæslu:lojnen]
generosidade (f)	anteliaisuus	[anteliajsu:s]
generoso	antelias	[antelias]
talentoso	lahjakas	[lahʰjakas]
talento (m)	lahja	[lahʰja]
corajoso	rohkea	[rohkea]
coragem (f)	rohkeus	[rohkeus]
honesto	rehellinen	[rehellinen]
honestidade (f)	rehellisyys	[rehellisy:s]
prudente	varovainen	[ʋaroʋajnen]
valente	uljas	[ulʰjas]
sério	vakava	[ʋakaʋa]

severo	ankara	[aŋkara]
decidido	päättävä	[pæ:ttæʋæ]
indeciso	epävarma	[epæʋarma]
tímido	arka	[arka]
timidez (f)	arkuus	[arku:s]

confiança (f)	luottamus	[luottamus]
confiar (vt)	uskoa	[uskoa]
crédulo	luottavainen	[luottaʋajnen]

sinceramente	vilpittömästi	[ʋilpittømæsti]
sincero	vilpitön	[ʋilpitøn]
sinceridade (f)	vilpittömyys	[ʋilpittømy:s]
aberto	avoin	[aʋojn]

calmo	rauhallinen	[rauhallinen]
franco	avomielinen	[aʋomielinen]
ingénuo	lapsellinen	[lapsellinen]
distraído	hajamielinen	[hajamielinen]
engraçado	hauska	[hauska]

ganância (f)	ahneus	[ahneus]
ganancioso	ahne	[ahne]
avarento	kitsas	[kitsas]
mau	vihainen	[ʋihajnen]
teimoso	itsepäinen	[itsepæjnen]
desagradável	epämiellyttävä	[epæmiellyttæʋæ]

egoísta (m)	egoisti	[egoisti]
egoísta	egoistinen	[egoistinen]
cobarde (m)	pelkuri	[pelkuri]
cobarde	pelkurimainen	[pelkurimajnen]

60. O sono. Sonhos

dormir (vi)	nukkua	[nukkua]
sono (m)	uni	[uni]
sonho (m)	uni	[uni]
sonhar (vi)	nähdä unta	[ɲæhdæ unta]
sonolento	uninen	[uninen]

cama (f)	sänky	[sæŋky]
colchão (m)	patja	[patʲja]
cobertor (m)	vuodepeite	[ʋuodepejte]
almofada (f)	tyyny	[ty:ny]
lençol (m)	lakana	[lakana]

insónia (f)	unettomuus	[unettomu:s]
insone	uneton	[uneton]
sonífero (m)	unilääke	[unilæ:ke]
tomar um sonífero	ottaa unilääke	[otta: unilæ:ke]

| estar sonolento | haluta nukkua | [haluta nukkua] |
| bocejar (vi) | haukotella | [haukotella] |

ir para a cama	mennä nukkumaan	[meŋæ nukkumɑ:n]
fazer a cama	sijata	[sijɑtɑ]
adormecer (vi)	nukahtaa	[nukɑhtɑ:]

pesadelo (m)	painajainen	[pɑjnɑjæjnen]
ronco (m)	kuorsaus	[kuorsɑus]
roncar (vi)	kuorsata	[kuorsɑtɑ]

despertador (m)	herätyskello	[herætys kello]
acordar, despertar (vt)	herättää	[herættæ:]
acordar (vi)	herätä	[herætæ]
levantar-se (vr)	nousta	[noustɑ]
lavar-se (vr)	peseytyä	[peseytyæ]

61. Humor. Riso. Alegria

humor (m)	huumori	[hu:mori]
sentido (m) de humor	tunne	[tuŋe]
divertir-se (vr)	pitää hauskaa	[pitæ: hɑuskɑ:]
alegre	iloinen	[ilojnen]
alegria (f)	ilo	[ilo]

sorriso (m)	hymy	[hymy]
sorrir (vi)	hymyillä	[hymyjʎæ]
começar a rir	alkaa nauraa	[ɑlkɑ: nɑurɑ:]
rir (vi)	nauraa	[nɑurɑ:]
riso (m)	nauru	[nɑuru]

anedota (f)	vitsi	[ʋitsi]
engraçado	hauska	[hɑuskɑ]
ridículo	lystikäs	[lystikæs]

brincar, fazer piadas	laskea leikkiä	[lɑskeɑ lejkkiæ]
piada (f)	leikinlasku	[lejkinlɑsku]
alegria (f)	ilo	[ilo]
regozijar-se (vr)	iloita	[ilojtɑ]
alegre	iloinen	[ilojnen]

62. Discussão, conversação. Parte 1

comunicação (f)	viestintä	[ʋiestintæ]
comunicar-se (vr)	kommunikoida	[kommunikojdɑ]

conversa (f)	puhelu	[puhelu]
diálogo (m)	vuoropuhelu	[ʋuoropuhelu]
discussão (f)	keskustelu	[keskustelu]
debate (m)	väittely	[ʋæjttely]
debater (vt)	riidellä	[ri:deʎæ]

interlocutor (m)	keskustelija	[keskustelijɑ]
tema (m)	teema	[te:mɑ]
ponto (m) de vista	näkökanta	[ɲækøkɑntɑ]

opinião (f)	mieli	[mieli]
discurso (m)	puhe	[puhe]

discussão (f)	käsittely	[kæsittely]
discutir (vt)	käsitellä	[kæsiteʎæ]
conversa (f)	keskustelu	[keskustelu]
conversar (vi)	keskustella	[keskustella]
encontro (m)	tapaaminen	[tapa:minen]
encontrar-se (vr)	tavata	[tavata]

provérbio (m)	sananlasku	[sanan lasku]
ditado (m)	sananparsi	[sanan parsi]
adivinha (f)	arvoitus	[aruojtus]
dizer uma adivinha	asettaa arvoitus	[asetta: aruojtus]
senha (f)	tunnussana	[tuŋussana]
segredo (m)	salaisuus	[salajsu:s]

juramento (m)	vala	[vala]
jurar (vi)	vannoa	[vaŋoa]
promessa (f)	lupaus	[lupaus]
prometer (vt)	luvata	[luvata]

conselho (m)	neuvo	[neuvo]
aconselhar (vt)	neuvoa	[neuvoa]
escutar (~ os conselhos)	totella	[totella]

novidade, notícia (f)	uutinen	[u:tinen]
sensação (f)	sensaatio	[sensa:tio]
informação (f)	tiedot	[tædot]
conclusão (f)	johtopäätös	[øhtopæ:tøs]
voz (f)	ääni	[æ:ni]
elogio (m)	kohteliaisuus	[kohteliajsu:s]
amável	ystävällinen	[ystæuællinen]

palavra (f)	sana	[sana]
frase (f)	lause	[lause]
resposta (f)	vastaus	[vastaus]

verdade (f)	tosi	[tosi]
mentira (f)	vale	[vale]

pensamento (m)	ajatus	[ajatus]
ideia (f)	idea	[idea]
fantasia (f)	mielikuvitus	[mielikuvitus]

63. Discussão, conversação. Parte 2

estimado	kunnioitettava	[kuŋiojtettava]
respeitar (vt)	kunnioittaa	[kuŋiojtta:]
respeito (m)	kunnioitus	[kuŋiojtus]
Estimado ..., Caro ...	Arvoisa ...	[aruojsa]

apresentar (vt)	tutustuttaa	[tutustutta:]
intenção (f)	aikomus	[ajkomus]

tencionar (vt)	aikoa	[ajkoa]
desejo (m)	toivomus	[tojuomus]
desejar (ex. ~ boa sorte)	toivottaa	[tojuotta:]
surpresa (f)	ihmettely	[ihmettely]
surpreender (vt)	ihmetyttää	[ihmetyttæ:]
surpreender-se (vr)	ihmetellä	[ihmeteʎæ]
dar (vt)	antaa	[anta:]
pegar (tomar)	ottaa	[otta:]
devolver (vt)	palauttaa	[palautta:]
dar de volta	palauttaa	[palautta:]
desculpar-se (vr)	pyytää anteeksi	[py:tæ: ante:ksi]
desculpa (f)	anteeksipyyntö	[ante:ksi py:ntø]
perdoar (vt)	antaa anteeksi	[anta: ante:ksi]
falar (vi)	puhua	[puhua]
escutar (vt)	kuunnella	[ku:ŋella]
ouvir até o fim	kuunnella loppuun	[ku:ŋella loppu:n]
compreender (vt)	ymmärtää	[ymmærtæ:]
mostrar (vt)	näyttää	[ɲæyttæ:]
olhar para ...	katsoa	[katsoa]
chamar (dizer em voz alta o nome)	kutsua	[kutsua]
perturbar (vt)	häiritä	[hæjritæ]
entregar (~ em mãos)	antaa	[anta:]
pedido (m)	pyyntö	[py:ntø]
pedir (ex. ~ ajuda)	pyytää	[py:tæ:]
exigência (f)	vaatimus	[ua:timus]
exigir (vt)	vaatia	[ua:tia]
chamar nomes (vt)	härnätä	[hærɲætæ]
zombar (vt)	pilkata	[pilkata]
zombaria (f)	pilkka	[pilkka]
alcunha (f)	liikanimi	[li:ikanimi]
insinuação (f)	vihjaus	[uihʰjaus]
insinuar (vt)	vihjata	[uihʰjata]
subentender (vt)	tarkoittaa	[tarkojtta:]
descrição (f)	kuvaus	[kuuaus]
descrever (vt)	kuvata	[kuuata]
elogio (m)	kehu	[kehu]
elogiar (vt)	kehua	[kehua]
desapontamento (m)	pettymys	[pettymys]
desapontar (vt)	aiheuttaa petyttää	[ajheutta: petyttæ:]
desapontar-se (vr)	pettyä	[pettyæ]
suposição (f)	oletus	[oletus]
supor (vt)	olettaa	[oletta:]
advertência (f)	varoitus	[uarojtus]
advertir (vt)	varoittaa	[uarojtta:]

61

64. Discussão, conversação. Parte 3

convencer (vt)	suostuttaa	[suostutta:]
acalmar (vt)	rauhoittaa	[rauhojtta:]
silêncio (o ~ é de ouro)	vaitiolo	[ʋajtiolo]
ficar em silêncio	olla vaiti	[olla ʋajti]
sussurrar (vt)	kuiskata	[kujskata]
sussurro (m)	kuiske	[kujske]
francamente	avomielisesti	[aʋomielisesti]
a meu ver …	minusta	[minusta]
detalhe (~ da história)	yksityiskohta	[yksityjs kohta]
detalhado	yksityiskohtainen	[yksityjs kohtajnen]
detalhadamente	yksityiskohtaisesti	[yksityjs kohtajsesti]
dica (f)	vihje	[ʋihʰe]
dar uma dica	vihjata	[ʋihʰjata]
olhar (m)	katse	[katse]
dar uma vista de olhos	katsahtaa	[katsahta:]
fixo (olhar ~)	liikkumaton katse	[li:ikkumaton katse]
piscar (vi)	räpyttää	[ræpyttæ:]
pestanejar (vt)	iskeä silmää	[iskeæ silmæ:]
acenar (com a cabeça)	nyökätä	[nyøkætæ]
suspiro (m)	huokaus	[huokaus]
suspirar (vi)	huokaista	[huokajsta]
estremecer (vi)	vavahdella	[ʋaʋahdella]
gesto (m)	ele	[ele]
tocar (com as mãos)	koskea	[koskea]
agarrar (algm pelo braço)	tarttua	[tarttua]
bater de leve	taputtaa	[taputta:]
Cuidado!	Varo!	[ʋaro]
A sério?	Ihanko totta?	[ihaŋko totta]
Tens a certeza?	Oletko varma?	[oletko ʋarma]
Boa sorte!	Toivotan onnea!	[tojʋotan oŋea]
Compreendi!	Selvä!	[selʋæ]
Que pena!	Onpa ikävä!	[onpa ikæʋæ]

65. Acordo. Recusa

consentimento (~ mútuo)	suostumus	[suostumus]
consentir (vi)	suostua	[suostua]
aprovação (f)	hyväksyminen	[hyʋæksyminen]
aprovar (vt)	hyväksyä	[hyʋæksyæ]
recusa (f)	kielto	[kielto]
negar-se (vt)	kieltäytyä	[kæltæytyæ]
Está ótimo!	Loistava!	[lojstaʋa]
Muito bem!	Hyvä!	[hyʋæ]

Está bem! De acordo!	Hyvä on!	[hyʊæ on]
proibido	kielletty	[kielletty]
é proibido	on kielletty	[on kielletty]
é impossível	mahdottoman	[mahdottoman]
incorreto	virheellinen	[ʊirhe:llinen]
rejeitar (~ um pedido)	evätä	[eʊætæ]
apoiar (vt)	kannattaa	[kaŋattɑ:]
aceitar (desculpas, etc.)	hyväksyä	[hyʊæksyæ]
confirmar (vt)	vahvistaa	[ʊahʊista:]
confirmação (f)	vahvistus	[ʊahʊistus]
permissão (f)	lupa	[lupa]
permitir (vt)	antaa lupa	[anta: lupa]
decisão (f)	ratkaisu	[ratkajsu]
não dizer nada	olla vaiti	[olla ʊajti]
condição (com uma ~)	ehto	[ehto]
pretexto (m)	tekosyy	[tekosy:]
elogio (m)	kehu	[kehu]
elogiar (vt)	kehua	[kehua]

66. Sucesso. Boa sorte. Insucesso

êxito, sucesso (m)	menestys	[menestys]
com êxito	menestyksekkäästi	[menestyksekkæ:sti]
bem sucedido	menestyksellinen	[menestyksellinen]
sorte (fortuna)	menestys	[menestys]
Boa sorte!	Onnea!	[oŋea]
de sorte	onnistunut	[oŋistunut]
sortudo, felizardo	onnellinen	[oŋellinen]
fracasso (m)	romahdus	[romahdus]
pouca sorte (f)	epäonni	[epæoŋi]
azar (m), má sorte (f)	huono onni	[huono oŋi]
mal sucedido	epäonnistunut	[epæoŋistunut]
catástrofe (f)	onnettomuus	[oŋettomu:s]
orgulho (m)	ylpeys	[ylpeys]
orgulhoso	ylpeä	[ylpeæ]
estar orgulhoso	ylpeillä	[ylpejʎæ]
vencedor (m)	voittaja	[ʊojttaja]
vencer (vi)	voittaa	[ʊojtta:]
perder (vt)	hävitä	[hæʊitæ]
tentativa (f)	yritys	[yritys]
tentar (vt)	yrittää	[yrittæ:]
chance (m)	mahdollisuus	[mahdollisu:s]

67. Conflitos. Emoções negativas

grito (m)	huuto	[hu:to]
gritar (vi)	huutaa	[hu:ta:]

começar a gritar	alkaa huutaa	[ɑlkɑː huːtɑː]
discussão (f)	riita	[riːitɑ]
discutir (vt)	riidellä	[riːideʌæ]
escândalo (m)	skandaali	[skɑndɑːli]
criar escândalo	riidellä	[riːideʌæ]
conflito (m)	konflikti	[konflikti]
mal-entendido (m)	väärinkäsitys	[ʋæːrin kæsitys]

insulto (m)	loukkaus	[loukkɑus]
insultar (vt)	loukata	[loukɑtɑ]
insultado	loukkaantunut	[loukkɑːntunut]
ofensa (f)	loukkaus	[loukkɑus]
ofender (vt)	loukata	[loukɑtɑ]
ofender-se (vr)	pahastua	[pɑhɑstuɑ]

indignação (f)	suuttumus	[suːttumus]
indignar-se (vr)	olla suutuksissa	[ollɑ suːtuksissɑ]
queixa (f)	valitus	[ʋɑlitus]
queixar-se (vr)	valittaa	[ʋɑlittɑː]

desculpa (f)	anteeksipyyntö	[ɑnteːksi pyːntø]
desculpar-se (vr)	pyytää anteeksi	[pyːtæː ɑnteːksi]
pedir perdão	puolustella	[puolustellɑ]

crítica (f)	arvostelu	[ɑrʋostelu]
criticar (vt)	arvostella	[ɑrʋostellɑ]
acusação (f)	syyte	[syːte]
acusar (vt)	syyttää	[syːttæː]

vingança (f)	kosto	[kosto]
vingar (vt)	kostaa	[kostɑː]
pagar de volta	antaa takaisin	[ɑntɑː tɑkɑjsin]

desprezo (m)	halveksinta	[hɑlʋeksintɑ]
desprezar (vt)	halveksia	[hɑlʋeksiɑ]
ódio (m)	viha	[ʋihɑ]
odiar (vt)	vihata	[ʋihɑtɑ]

nervoso	hermostunut	[hermostunut]
estar nervoso	hermostua	[hermostuɑ]
zangado	vihainen	[ʋihɑjnen]
zangar (vt)	suututtaa	[suːtuttɑː]

humilhação (f)	alentaminen	[ɑlentɑminen]
humilhar (vt)	alentaa	[ɑlentɑː]
humilhar-se (vr)	alentua	[ɑlentuɑ]

choque (m)	sokki	[sokki]
chocar (vt)	sokeerata	[sokeːrɑtɑ]

aborrecimento (m)	ikävyys	[ikæʋyːs]
desagradável	epämiellyttävä	[epæmiellyttæʋæ]

medo (m)	pelko	[pelko]
terrível (tempestade, etc.)	hirveä	[hirʋeæ]
assustador (ex. história ~a)	kauhea	[kɑuheæ]

horror (m)	**kauhu**	[kauhu]
horrível (crime, etc.)	**karmea**	[karmea]
chorar (vi)	**itkeä**	[itkeæ]
começar a chorar	**ruveta itkemään**	[ruveta itkemæ:n]
lágrima (f)	**kyynel**	[ky:nel]
falta (f)	**syy**	[sy:]
culpa (f)	**syyllisyys**	[sy:llisy:s]
desonra (f)	**häpeä**	[hæpeæ]
protesto (m)	**vastalause**	[ʋastalause]
stress (m)	**stressi**	[stressi]
perturbar (vt)	**häiritä**	[hæjritæ]
zangar-se com ...	**vihastua**	[ʋihastua]
zangado	**vihainen**	[ʋihajnen]
terminar (vt)	**lopettaa**	[lopetta:]
praguejar	**kiroilla**	[kirojlla]
assustar-se	**pelästyä**	[peʌæstyæ]
golpear (vt)	**iskeä**	[iskeæ]
brigar (na rua, etc.)	**tapella**	[tapella]
resolver (o conflito)	**sovitella**	[soʋitella]
descontente	**tyytymätön**	[ty:tymætøn]
furioso	**tuima**	[tujma]
Não está bem!	**Se ei ole hyvä!**	[se ej ole hyʋæ]
É mau!	**Se on huono!**	[se on huono]

Medicina

68. Doenças

doença (f)	sairaus	[sajraus]
estar doente	sairastaa	[sajrasta:]
saúde (f)	terveys	[terueys]
nariz (m) a escorrer	nuha	[nuha]
amigdalite (f)	angiina	[aŋi:ina]
constipação (f)	vilustus	[uilustus]
constipar-se (vr)	vilustua	[uilustua]
bronquite (f)	keuhkokatarri	[keuhko katarri]
pneumonia (f)	keuhkotulehdus	[keuhko tulehdus]
gripe (f)	influenssa	[influenssa]
míope	likinäköinen	[likiɲækøjnen]
presbita	pitkänäköinen	[pitkæɲækøjnen]
estrabismo (m)	kierosilmäisyys	[kiero silmæjsy:s]
estrábico	kiero	[kiero]
catarata (f)	harmaakaihi	[harma:kajhi]
glaucoma (m)	silmänpainetauti	[silmæn pajne tauti]
AVC (m), apoplexia (f)	insultti	[insultti]
ataque (m) cardíaco	infarkti	[infarkti]
enfarte (m) do miocárdio	sydäninfarkti	[sydæn infarkti]
paralisia (f)	halvaus	[haluaus]
paralisar (vt)	halvauttaa	[haluautta:]
alergia (f)	allergia	[allergi:a]
asma (f)	astma	[astma]
diabetes (f)	sokeritauti	[sokeritauti]
dor (f) de dentes	hammassärky	[hammas særky]
cárie (f)	hammasmätä	[hammas mætæ]
diarreia (f)	ripuli	[ripuli]
prisão (f) de ventre	ummetus	[ummetus]
desarranjo (m) intestinal	vatsavaiva	[uatsauajua]
intoxicação (f) alimentar	myrkytys	[myrkytys]
intoxicar-se	saada myrkytys	[sa:da myrkytys]
artrite (f)	niveltulehdus	[niueltulehdus]
raquitismo (m)	riisitauti	[ri:isitati]
reumatismo (m)	reuma	[reuma]
arteriosclerose (f)	aeroskleroosi	[aterosklero:si]
gastrite (f)	mahakatarri	[mahakatarri]
apendicite (f)	umpilisäketulehdus	[umpilisæke tulehdus]

| colecistite (f) | sappirakon tulehdus | [sappirakon tulehdus] |
| úlcera (f) | haava | [haːʋa] |

sarampo (m)	tuhkarokko	[tuhkarokko]
rubéola (f)	vihurirokko	[ʋihurirokko]
iterícia (f)	keltatauti	[keltatauti]
hepatite (f)	hepatiitti	[hepatiːitti]

esquizofrenia (f)	jakomielisyys	[jakomielisyːs]
raiva (f)	raivotauti	[rajʋotauti]
neurose (f)	neuroosi	[neuroːsi]
comoção (f) cerebral	aivotärähdys	[ajʋotæræhdys]

cancro (m)	syöpä	[syøpæ]
esclerose (f)	skleroosi	[skleroːsi]
esclerose (f) múltipla	hajaskleroosi	[hajaskleroːsi]

alcoolismo (m)	alkoholismi	[alkoholismi]
alcoólico (m)	alkoholisti	[alkoholisti]
sífilis (f)	kuppa	[kuppa]
SIDA (f)	AIDS	[ajds]

tumor (m)	kasvain	[kasʋajn]
maligno	pahanlaatuinen	[pahan laːjtunen]
benigno	hyvänlaatuinen	[hyʋænlaːtunen]

febre (f)	kuume	[kuːme]
malária (f)	malaria	[malaria]
gangrena (f)	kuolio	[kuolio]
enjoo (m)	merisairaus	[merisajraus]
epilepsia (f)	epilepsia	[epilepsia]

epidemia (f)	epidemia	[epidemia]
tifo (m)	lavantauti	[laʋantauti]
tuberculose (f)	tuberkuloosi	[tuberkuloːsi]
cólera (f)	kolera	[kolera]
peste (f)	rutto	[rutto]

69. Simtomas. Tratamentos. Parte 1

sintoma (m)	oire	[ojre]
temperatura (f)	kuume	[kuːme]
febre (f)	korkea kuume	[korkea kuːme]
pulso (m)	syke	[syke]

vertigem (f)	pyörrytys	[pyørrytys]
quente (testa, etc.)	kuuma	[kuːma]
calafrio (m)	vilunväristys	[ʋilun ʋæristys]
pálido	kalpea	[kalpea]

tosse (f)	yskä	[yskæ]
tossir (vi)	yskiä	[yskiæ]
espirrar (vi)	aivastella	[ajʋastella]
desmaio (m)	pyörtyminen	[pyørtyminen]

desmaiar (vi)	pyörtyä	[pyørtyæ]
nódoa (f) negra	mustelma	[mustelma]
galo (m)	kuhmu	[kuhmu]
magoar-se (vr)	törmätä	[tørmætæ]
pisadura (f)	vamma	[ʋamma]
aleijar-se (vr)	loukkaantua	[loukka:ntua]

coxear (vi)	ontua	[ontua]
deslocação (f)	niukahdus	[niukahdus]
deslocar (vt)	niukahtaa	[niukahta:]
fratura (f)	murtuma	[murtuma]
fraturar (vt)	saada murtuma	[sa:da murtuma]

corte (m)	leikkaushaava	[lejkkaus ha:ʋa]
cortar-se (vr)	saada haava leikkaamalla	[sa:da ha:ʋa lejkka:malla]
hemorragia (f)	verenvuoto	[ʋerenʋuoto]

queimadura (f)	palohaava	[paloha:ʋa]
queimar-se (vr)	polttaa itse	[poltta: itse]

picar (vt)	pistää	[pistæ:]
picar-se (vr)	pistää itseä	[pistæ: itseæ]
lesionar (vt)	vahingoittaa	[ʋahiŋojtta:]
lesão (m)	vaurio	[ʋaurio]
ferida (f), ferimento (m)	haava	[ha:ʋa]
trauma (m)	vamma	[ʋamma]

delirar (vi)	hourailla	[hourajlla]
gaguejar (vi)	änkyttää	[æŋkyttæ:]
insolação (f)	auringonpistos	[auriŋon pistos]

70. Simtomas. Tratamentos. Parte 2

dor (f)	kipu	[kipu]
farpa (no dedo)	tikku	[tikku]

suor (m)	hiki	[hiki]
suar (vi)	hikoilla	[hikojlla]
vómito (m)	oksennus	[okseŋus]
convulsões (f pl)	kouristukset	[kouristukset]

grávida	raskaana oleva	[raska:na oleʋa]
nascer (vi)	syntyä	[syntyæ]
parto (m)	synnytys	[syŋytys]
dar â luz	synnyttää	[syŋyttæ:]
aborto (m)	raskaudenkeskeytys	[raskauden keskeytys]

respiração (f)	hengitys	[heŋitys]
inspiração (f)	sisäänhengitys	[sisæ:n heŋitys]
expiração (f)	uloshengitys	[ulosheŋitys]
expirar (vi)	hengittää ulos	[heŋittæ: ulos]
inspirar (vi)	vetää henkeä	[ʋetæ: heŋkeæ]
inválido (m)	invalidi	[inʋalidi]
aleijado (m)	raajarikko	[ra:jarikko]

toxicodependente (m)	narkomaani	[narkoma:ni]
surdo	kuuro	[ku:ro]
mudo	mykkä	[mykkæ]
surdo-mudo	kuuromykkä	[ku:ro mykkæ]

louco (adj.)	mielenvikainen	[mielen ʋikajnen]
louco (m)	hullu	[hullu]
louca (f)	hullu	[hullu]
ficar louco	tulla hulluksi	[tulla hulluksi]

gene (m)	geeni	[ge:ni]
imunidade (f)	immuniteetti	[immunite:tti]
hereditário	perintö-	[perintø]
congénito	synnynnäinen	[syŋyŋæjnen]

vírus (m)	virus	[ʋirus]
micróbio (m)	mikrobi	[mikrobi]
bactéria (f)	bakteeri	[bakte:ri]
infeção (f)	tartunta	[tartunta]

71. Simtomas. Tratamentos. Parte 3

hospital (m)	sairaala	[sajra:la]
paciente (m)	potilas	[potilas]

diagnóstico (m)	diagnoosi	[diagno:si]
cura (f)	lääkintä	[læ:kintæ]
tratamento (m) médico	hoito	[hojto]
curar-se (vr)	saada hoitoa	[sa:da hojtoa]
tratar (vt)	hoitaa	[hojta:]
cuidar (pessoa)	hoitaa	[hojta:]
cuidados (m pl)	hoito	[hojto]

operação (f)	leikkaus	[lejkkaus]
enfaixar (vt)	sitoa	[sitoa]
ligadura (f)	sidonta	[sidonta]

vacinação (f)	rokotus	[rokotus]
vacinar (vt)	rokottaa	[rokotta:]
injeção (f)	pisto	[pisto]
dar uma injeção	tehdä pisto	[tehdæ pisto]

ataque (~ de asma, etc.)	kohtaus	[kohtaus]
amputação (f)	amputaatio	[amputa:tio]
amputar (vt)	amputoida	[amputojda]
coma (f)	kooma	[ko:ma]
estar em coma	olla koomassa	[olla ko:massa]
reanimação (f)	hoitokoti	[hojtokoti]

recuperar-se (vr)	parantua	[parantua]
estado (~ de saúde)	terveydentila	[terʋeyden tila]
consciência (f)	tajunta	[tajunta]
memória (f)	muisti	[mujsti]
tirar (vt)	poistaa	[pojsta:]

chumbo (m), obturação (f)	täyte	[tæyte]
chumbar, obturar (vt)	paikata	[pajkata]

hipnose (f)	hypnoosi	[hypno:si]
hipnotizar (vt)	hypnotisoida	[hypnotisojda]

72. Médicos

médico (m)	lääkäri	[læ:kæri]
enfermeira (f)	sairaanhoitaja	[sajra:n hojtaja]
médico (m) pessoal	omalääkäri	[oma læ:kæri]

dentista (m)	hammaslääkäri	[hammas læ:kæri]
oculista (m)	silmälääkäri	[silmæ læ:kæri]
terapeuta (m)	sisätautilääkäri	[sisætauti læ:kæri]
cirurgião (m)	kirurgi	[kirurgi]

psiquiatra (m)	psykiatri	[psykiatri]
pediatra (m)	lastenlääkäri	[lasten læ:kæri]
psicólogo (m)	psykologi	[psykologi]
ginecologista (m)	naistentautilääkäri	[najstentauti læ:kæri]
cardiologista (m)	kardiologi	[kardiologi]

73. Medicina. Drogas. Acessórios

medicamento (m)	lääke	[læ:ke]
remédio (m)	lääke	[læ:ke]
receita (f)	resepti	[resepti]

comprimido (m)	tabletti	[tabletti]
pomada (f)	voide	[uojde]
ampola (f)	ampulli	[ampulli]
preparado (m)	mikstuura	[mikstu:ra]
xarope (m)	siirappi	[si:irappi]
cápsula (f)	pilleri	[pilleri]
remédio (m) em pó	jauhe	[jauhe]

ligadura (f)	side	[side]
algodão (m)	vanu	[uanu]
iodo (m)	jodi	[ødi]

penso (m) rápido	laastari	[la:stari]
conta-gotas (f)	pipetti	[pipetti]
termómetro (m)	kuumemittari	[ku:me mittari]
seringa (f)	ruisku	[rujsku]

cadeira (f) de rodas	pyörätuoli	[pyøræ tuoli]
muletas (f pl)	kainalosauvat	[kajnalo sauuat]

analgésico (m)	puudutusaine	[pu:dutus ajne]
laxante (m)	ulostuslääke	[ulostuslæ:ke]
álcool (m) etílico	sprii	[spri:i]

| ervas (f pl) medicinais | yrtti | [yrtti] |
| de ervas (chá ~) | yrtti- | [yrtti] |

74. Fumar. Produtos tabágicos

tabaco (m)	tupakka	[tupakka]
cigarro (m)	savuke	[sauuke]
charuto (m)	sikari	[sikari]
cachimbo (m)	piippu	[pi:ippu]
maço (~ de cigarros)	pakka	[pakka]

fósforos (m pl)	tulitikut	[tulitikut]
caixa (f) de fósforos	tulitikkurasia	[tulitikkurasia]
isqueiro (m)	sytytin	[sytytin]
cinzeiro (m)	tuhkakuppi	[tuhkakuppi]
cigarreira (f)	savukekotelo	[sauukekotelo]

| boquilha (f) | imuke | [imuke] |
| filtro (m) | suodatin | [suodatin] |

fumar (vi, vt)	tupakoida	[tupakojda]
acender um cigarro	sytyttää	[sytyttæ:]
tabagismo (m)	tupakanpoltto	[tupakanpoltto]
fumador (m)	tupakanpolttaja	[tupakanpolttaja]

beata (f)	tumppi	[tumppi]
fumo (m)	savu	[sauu]
cinza (f)	tuhka	[tuhkɑ]

HABITAT HUMANO

Cidade

75. Cidade. Vida na cidade

cidade (f)	kaupunki	[kɑupuŋki]
capital (f)	pääkaupunki	[pæːkɑupuŋki]
aldeia (f)	kylä	[kyʎæ]

mapa (m) da cidade	kaupungin asemakaava	[kɑupuŋin ɑsemɑ kɑːʋɑ]
centro (m) da cidade	kaupungin keskusta	[kɑupuŋin keskustɑ]
subúrbio (m)	esikaupunki	[esikɑupuŋki]
suburbano	esikaupunki-	[esikɑupuŋki]

periferia (f)	laita	[lɑjtɑ]
arredores (m pl)	ympäristö	[ympæristø]
quarteirão (m)	kortteli	[kortteli]
quarteirão (m) residencial	asuinkortteli	[ɑsujŋkortteli]

tráfego (m)	liikenne	[liːikeŋe]
semáforo (m)	liikennevalot	[liːikeŋeʋɑlot]
transporte (m) público	julkiset kulkuvälineet	[julkiset kulkuʋæline:t]
cruzamento (m)	risteys	[risteys]

passadeira (f)	suojatie	[suojɑtæ]
passagem (f) subterrânea	alikäytävä	[ɑlikæytæʋæ]
cruzar, atravessar (vt)	mennä yli	[meŋæ yli]
peão (m)	jalankulkija	[jɑlɑŋkulkijɑ]
passeio (m)	jalkakäytävä	[jɑlkɑkæytæʋæ]

ponte (f)	silta	[siltɑ]
margem (f) do rio	rantakatu	[rɑntɑkɑtu]
fonte (f)	suihkulähde	[sujhku ʎæhde]

alameda (f)	lehtikuja	[lehti kujɑ]
parque (m)	puisto	[pujsto]
bulevar (m)	bulevardi	[buleʋɑrdi]
praça (f)	aukio	[ɑukio]
avenida (f)	valtakatu	[ʋɑltɑ kɑtu]
rua (f)	katu	[kɑtu]
travessa (f)	kuja	[kujɑ]
beco (m) sem saída	umpikuja	[umpikujɑ]

casa (f)	talo	[tɑlo]
edifício, prédio (m)	rakennus	[rɑkeŋus]
arranha-céus (m)	pilvenpiirtäjä	[pilʋen piːirtæjæ]
fachada (f)	julkisivu	[julkisiʋu]
telhado (m)	katto	[kɑtto]

janela (f)	ikkuna	[ikkuna]
arco (m)	kaari	[kaːri]
coluna (f)	pylväs	[pylʊæs]
esquina (f)	kulma	[kulma]

montra (f)	näyteikkuna	[næyte ikkuna]
letreiro (m)	kyltti	[kyltti]
cartaz (m)	juliste	[juliste]
cartaz (m) publicitário	mainosjuliste	[majnos juliste]
painel (m) publicitário	mainoskilpi	[majnos kilpi]

lixo (m)	jätteet	[jætteːt]
cesta (f) do lixo	roskis	[roskis]
jogar lixo na rua	roskata	[roskata]
aterro (m) sanitário	kaatopaikka	[kaːtopajkka]

cabine (f) telefónica	puhelinkoppi	[puheliŋkoppi]
candeeiro (m) de rua	lyhtypylväs	[lyhtypylʊæs]
banco (m)	penkki	[peŋkki]

polícia (m)	poliisi	[poliːisi]
polícia (instituição)	poliisi	[poliːisi]
mendigo (m)	kerjäläinen	[kerʰjæʎæjnen]
sem-abrigo (m)	koditon	[koditon]

76. Instituições urbanas

loja (f)	kauppa	[kauppa]
farmácia (f)	apteekki	[apteːkki]
ótica (f)	optiikka	[optiːikka]
centro (m) comercial	kauppakeskus	[kauppa keskus]
supermercado (m)	supermarketti	[supermarketti]

padaria (f)	leipäkauppa	[lejpækauppa]
padeiro (m)	leipuri	[lejpuri]
pastelaria (f)	konditoria	[konditoria]
mercearia (f)	sekatavarakauppa	[sekataʊara kauppa]
talho (m)	lihakauppa	[lihakauppa]

| loja (f) de legumes | vihanneskauppa | [ʊihaŋes kauppa] |
| mercado (m) | kauppatori | [kauppatori] |

café (m)	kahvila	[kahʊila]
restaurante (m)	ravintola	[raʊintola]
bar (m), cervejaria (f)	pubi	[pubi]
pizzaria (f)	pizzeria	[pitseria]

salão (m) de cabeleireiro	parturinliike	[parturin liːike]
correios (m pl)	posti	[posti]
lavandaria (f)	kemiallinen pesu	[kemiallinen pesu]
estúdio (m) fotográfico	valokuvausliike	[ʊalo kuʊaus liːike]

| sapataria (f) | kenkäkauppa | [keŋkækauppa] |
| livraria (f) | kirjakauppa | [kirʰja kauppa] |

73

loja (f) de artigos de desporto	urheilukauppa	[urhejlu kauppa]
reparação (f) de roupa	vaatteiden korjaus	[ʋɑːttejden korʰjaus]
aluguer (m) de roupa	vaatteiden vuokra	[ʋɑːttejden ʋuokrɑ]
aluguer (m) de filmes	elokuvien vuokra	[elo kuʋien ʋuokrɑ]

circo (m)	sirkus	[sirkus]
jardim (m) zoológico	eläintarha	[eʌæjntarhɑ]
cinema (m)	elokuvateatteri	[elokuʋɑ teatteri]
museu (m)	museo	[museo]
biblioteca (f)	kirjasto	[kirʰjɑsto]

teatro (m)	teatteri	[teatteri]
ópera (f)	ooppera	[oːppera]
clube (m) noturno	yökerho	[yøkerho]
casino (m)	kasino	[kɑsino]

mesquita (f)	moskeija	[moskejɑ]
sinagoga (f)	synagoga	[synɑgogɑ]
catedral (f)	tuomiokirkko	[tuomiokirkko]
templo (m)	temppeli	[temppeli]
igreja (f)	kirkko	[kirkko]

instituto (m)	instituutti	[instituːtti]
universidade (f)	yliopisto	[yliopisto]
escola (f)	koulu	[koulu]

prefeitura (f)	prefektuuri	[prefektuːri]
câmara (f) municipal	kaupunginhallitus	[kɑupuŋin hallitus]
hotel (m)	hotelli	[hotelli]
banco (m)	pankki	[paŋkki]

embaixada (f)	suurlähetystö	[suːr ʌæhetystø]
agência (f) de viagens	matkatoimisto	[mɑtkɑ tojmisto]
agência (f) de informações	neuvontatoimisto	[neuʋon tatojmisto]
casa (f) de câmbio	vaihtopiste	[ʋɑjhtopiste]

metro (m)	metro	[metro]
hospital (m)	sairaala	[sajrɑːlɑ]

posto (m) de gasolina	bensiiniasema	[bensiːini ɑsemɑ]
parque (m) de estacionamento	parkkipaikka	[parkki pajkkɑ]

77. Transportes urbanos

autocarro (m)	bussi	[bussi]
elétrico (m)	raitiovaunu	[rɑjtioʋɑunu]
troleicarro (m)	johdinauto	[øhdin ɑuto]
itinerário (m)	reitti	[rejtti]
número (m)	numero	[numero]

ir de ... (carro, etc.)	mennä ...	[mennæ]
entrar (~ no autocarro)	nousta	[nousta]
descer de ...	astua ulos	[ɑstuɑ ulos]
paragem (f)	pysäkki	[pysækki]

próxima paragem (f)	seuraava pysäkki	[seura:ʋa pysækki]
ponto (m) final	viimeinen pysäkki	[ui:imejnen pysækki]
horário (m)	aikataulu	[ajkataulu]
esperar (vt)	odottaa	[odotta:]

bilhete (m)	lippu	[lippu]
custo (m) do bilhete	lipun hinta	[lipun hinta]

bilheteiro (m)	kassanhoitaja	[kassanhojtaja]
controlo (m) dos bilhetes	tarkastus	[tarkastus]
revisor (m)	tarkastaja	[tarkastaja]

atrasar-se (vr)	myöhästyä	[myøɦæstyæ]
perder (o autocarro, etc.)	myöhästyä	[myøɦæstyæ]
estar com pressa	kiirehtiä	[ki:irehtiæ]

táxi (m)	taksi	[taksi]
taxista (m)	taksinkuljettaja	[taksin kuʎjettaja]
de táxi (ir ~)	taksilla	[taksilla]
praça (f) de táxis	taksiasema	[taksiasema]
chamar um táxi	tilata taksi	[tilata taksi]
apanhar um táxi	ottaa taksi	[otta: taksi]

tráfego (m)	katuliikenne	[katuli:ikeŋe]
engarrafamento (m)	ruuhka	[ru:hka]
horas (f pl) de ponta	ruuhka-aika	[ru:hka ajka]
estacionar (vi)	pysäköidä	[pysækøjdæ]
estacionar (vt)	pysäköidä	[pysækøjdæ]
parque (m) de estacionamento	parkkipaikka	[parkki pajkka]

metro (m)	metro	[metro]
estação (f)	asema	[asema]
ir de metro	mennä metrolla	[meŋæ metrollla]
comboio (m)	juna	[juna]
estação (f)	rautatieasema	[rautatieasema]

78. Turismo

monumento (m)	patsas	[patsas]
fortaleza (f)	linna	[liŋa]
palácio (m)	palatsi	[palatsi]
castelo (m)	linna	[liŋa]
torre (f)	torni	[torni]
mausoléu (m)	mausoleumi	[mausoleumi]

arquitetura (f)	arkkitehtuuri	[arrkitehtu:ri]
medieval	keskiaikainen	[keskiajkajnen]
antigo	vanha	[ʋanha]
nacional	kansallinen	[kansallinen]
conhecido	tunnettu	[tuŋettu]

turista (m)	matkailija	[matkajlija]
guia (pessoa)	opas	[opas]
excursão (f)	retki	[retki]

| mostrar (vt) | näyttää | [næyttæ:] |
| contar (vt) | kertoa | [kertoa] |

encontrar (vt)	löytää	[løytæ:]
perder-se (vr)	hävitä	[hæʋitæ]
mapa (~ do metrô)	reittikartta	[rejtti kartta]
mapa (~ da cidade)	asemakaava	[asema ka:ʋa]

lembrança (f), presente (m)	muistoesine	[mujstoesine]
loja (f) de presentes	matkamuistokauppa	[matka mujsto kauppa]
fotografar (vt)	valokuvata	[ʋalokuʋata]
fotografar-se	valokuvauttaa itsensä	[ʋalo kuʋautta: itsensæ]

79. Compras

comprar (vt)	ostaa	[osta:]
compra (f)	ostos	[ostos]
fazer compras	käydä ostoksilla	[kæydæ ostoksilla]
compras (f pl)	ostoksilla käynti	[ostoksilla kæynti]

| estar aberta (loja, etc.) | toimia | [tojmia] |
| estar fechada | olla kiinni | [olla ki:iŋi] |

calçado (m)	jalkineet	[jalkine:t]
roupa (f)	vaatteet	[ʋa:tte:t]
cosméticos (m pl)	kosmetiikka	[kosmeti:ikka]
alimentos (m pl)	ruokatavarat	[ruoka taʋarat]
presente (m)	lahja	[lahʰja]

| vendedor (m) | myyjä | [my:jæ] |
| vendedora (f) | myyjätär | [my:jætær] |

caixa (f)	kassa	[kassa]
espelho (m)	peili	[pejli]
balcão (m)	tiski	[tiski]
cabine (f) de provas	sovitushuone	[soʋitus huone]

provar (vt)	sovittaa	[soʋitta:]
servir (vi)	sopia	[sopia]
gostar (apreciar)	miellyttää	[miellyttæ:]

preço (m)	hinta	[hinta]
etiqueta (f) de preço	hintalappu	[hinta lappu]
custar (vt)	maksaa	[maksa:]
Quanto?	Kuinka paljon?	[kuiŋka palʰon]
desconto (m)	alennus	[aleŋus]

não caro	halpa	[halpa]
barato	halpa	[halpa]
caro	kallis	[kallis]
É caro	Se on kallista	[se on kallista]

| aluguer (m) | vuokra | [ʋuokra] |
| alugar (vestidos, etc.) | vuokrata | [ʋuokrata] |

| crédito (m) | luotto | [luotto] |
| a crédito | luotolla | [luotolla] |

80. Dinheiro

dinheiro (m)	rahat	[rahat]
câmbio (m)	vaihto	[ʋajhto]
taxa (f) de câmbio	kurssi	[kurssi]
Caixa Multibanco (m)	pankkiautomaatti	[paŋkki automaːtti]
moeda (f)	kolikko	[kolikko]

| dólar (m) | dollari | [dollari] |
| euro (m) | euro | [euro] |

lira (f)	liira	[liːira]
marco (m)	markka	[markka]
franco (m)	frangi	[fraŋi]
libra (f) esterlina	punta	[punta]
iene (m)	jeni	[jeni]

dívida (f)	velka	[ʋelka]
devedor (m)	velallinen	[ʋelallinen]
emprestar (vt)	lainata jollekulle	[lajnata ølekulle]
pedir emprestado	lainata joltakulta	[lajnata øltakulta]

banco (m)	pankki	[paŋkki]
conta (f)	tili	[tili]
depositar na conta	tallettaa rahaa tilille	[talletta: raha: tilille]
levantar (vt)	nostaa rahaa tililtä	[nosta: raha: tililta]

cartão (m) de crédito	luottokortti	[luotto kortti]
dinheiro (m) vivo	käteinen	[kætejnen]
cheque (m)	kuitti	[kujtti]
passar um cheque	kirjoittaa shekki	[kirʰojtta: ʃekki]
livro (m) de cheques	sekkivihko	[seːkkiʋihko]

carteira (f)	lompakko	[lompakko]
porta-moedas (m)	kukkaro	[kukkaro]
cofre (m)	kassakaappi	[kassakaːppi]

herdeiro (m)	perillinen	[perillinen]
herança (f)	perintö	[perintø]
fortuna (riqueza)	omaisuus	[omajsuːs]

arrendamento (m)	vuokraus	[ʋuokraus]
renda (f) de casa	asuntovuokra	[asuntoʋuokra]
alugar (vt)	vuokrata	[ʋuokrata]

preço (m)	hinta	[hinta]
custo (m)	hinta	[hinta]
soma (f)	summa	[summa]

| gastar (vt) | kuluttaa | [kulutta:] |
| gastos (m pl) | kulut | [kulut] |

economizar (vi)	säästää	[sæ:stæ:]
económico	säästäväinen	[sæ:stæʋæjnen]

pagar (vt)	maksaa	[mɑksɑ:]
pagamento (m)	maksu	[mɑksu]
troco (m)	vaihtoraha	[ʋɑjhtorɑhɑ]

imposto (m)	vero	[ʋero]
multa (f)	sakko	[sɑkko]
multar (vt)	sakottaa	[sɑkottɑ:]

81. Correios. Serviço postal

correios (m pl)	posti	[posti]
correio (m)	posti	[posti]
carteiro (m)	postikantaja	[postiŋkɑntɑjæ]
horário (m)	virka-aika	[ʋirkɑ ɑjkɑ]

carta (f)	kirje	[kirʰje]
carta (f) registada	kirjattu kirje	[kirʰjɑttu kirʰje]
postal (m)	postikortti	[posti kortti]
telegrama (m)	sähke	[sæhke]
encomenda (f) postal	paketti	[pɑketti]
remessa (f) de dinheiro	rahalähetys	[rɑhɑ ʎæhetys]

receber (vt)	saada	[sɑ:dɑ]
enviar (vt)	lähettää	[ʎæhettæ:]
envio (m)	kirjeen lähetys	[kirʰje:n ʎæhetys]

endereço (m)	osoite	[osojte]
código (m) postal	postinumero	[postinumero]
remetente (m)	lähettäjä	[ʎæhettæjæ]
destinatário (m)	saaja	[sɑ:jɑ]

nome (m)	nimi	[nimi]
apelido (m)	sukunimi	[sukunimi]

tarifa (f)	tariffi	[tɑriffi]
normal	tavallinen	[tɑʋɑllinen]
económico	edullinen	[edullinen]

peso (m)	paino	[pɑjno]
pesar (estabelecer o peso)	punnita	[puŋitɑ]
envelope (m)	kirjekuori	[kirʰjekuori]
selo (m)	postimerkki	[postimerkki]
colar o selo	liimata postimerkki	[li:mɑtɑ postimerkki]

Moradia. Casa. Lar

82. Casa. Habitação

casa (f)	koti	[koti]
em casa	kotona	[kotona]
pátio (m)	piha	[piha]
cerca (f)	aita	[ajta]
tijolo (m)	tiili	[ti:ili]
de tijolos	tiili-	[ti:ili]
pedra (f)	kivi	[kiʋi]
de pedra	kivinen	[kiʋinen]
betão (m)	betoni	[betoni]
de betão	betoninen	[betoninen]
novo	uusi	[u:si]
velho	vanha	[ʋɑnhɑ]
decrépito	ränsistynyt	[rænsistynyt]
moderno	nykyaikainen	[nyky ɑjkɑjnen]
de muitos andares	monikerroksinen	[moni kerroksinen]
alto	korkea	[korkeɑ]
andar (m)	kerros	[kerros]
de um andar	yksikerroksinen	[yksikerroksinen]
andar (m) de baixo	alakerros	[ɑlɑkerros]
andar (m) de cima	yläkerta	[yʎækertɑ]
telhado (m)	katto	[katto]
chaminé (f)	savupiippu	[sɑʋupi:ippu]
telha (f)	kattotiili	[kattoti:ili]
de telha	kattotiili-	[kattoti:ili]
sótão (m)	ullakko	[ullɑkko]
janela (f)	ikkuna	[ikkunɑ]
vidro (m)	lasi	[lɑsi]
parapeito (m)	ikkunalauta	[ikkunɑ lɑutɑ]
portadas (f pl)	ikkunaluukut	[ikkunɑ lu:kut]
parede (f)	seinä	[sejnæ]
varanda (f)	parveke	[pɑrʋeke]
tubo (m) de queda	vesikouru	[ʋesikouru]
em cima	ylhäällä	[ylhæ:ʎæ]
subir (~ as escadas)	nousta	[noustɑ]
descer (vi)	laskeutua	[lɑskeutuɑ]
mudar-se (vr)	muuttaa	[mu:ttɑ:]

83. Casa. Entrada. Elevador

entrada (f)	rappu	[rɑppu]
escada (f)	portaat	[portɑːt]
degraus (m pl)	askelmat	[ɑskelmɑt]
corrimão (m)	kaide	[kɑjde]
hall (m) de entrada	halli	[hɑlli]

caixa (f) de correio	postilaatikko	[postilɑːtikko]
caixote (m) do lixo	roskis	[roskis]
conduta (f) do lixo	roskakuilu	[roskɑkujlu]

elevador (m)	hissi	[hissi]
elevador (m) de carga	tavarahissi	[tɑvɑrɑ hissi]
cabine (f)	hissi	[hissi]
pegar o elevador	mennä hissillä	[meŋæ hissiʌæ]

apartamento (m)	asunto	[ɑsunto]
moradores (m pl)	asukkaat	[ɑsukkɑːt]
vizinho (m)	naapuri	[nɑːpuri]
vizinha (f)	naapuri	[nɑːpuri]
vizinhos (pl)	naapurit	[nɑːpurit]

84. Casa. Portas. Fechaduras

porta (f)	ovi	[ovi]
portão (m)	portti	[portti]
maçaneta (f)	kahva	[kɑhvɑ]
destrancar (vt)	avata lukko	[ɑvɑtɑ lukko]
abrir (vt)	avata	[ɑvɑtɑ]
fechar (vt)	sulkea	[sulkeɑ]

chave (f)	avain	[ɑvɑjn]
molho (m)	nippu	[nippu]
ranger (vi)	narista	[nɑristɑ]
rangido (m)	narina	[nɑrinɑ]
dobradiça (f)	sarana	[sɑrɑnɑ]
tapete (m) de entrada	matto	[mɑtto]

fechadura (f)	lukko	[lukko]
buraco (m) da fechadura	avaimenreikä	[ɑvɑjmenrejkæ]
ferrolho (m)	salpa	[sɑlpɑ]
fecho (ferrolho pequeno)	salpa	[sɑlpɑ]
cadeado (m)	munalukko	[munɑ lukko]

tocar (vt)	soittaa	[sojttɑː]
toque (m)	soitto	[sojtto]
campainha (f)	ovikello	[ovikello]
botão (m)	nappi	[nɑppi]
batida (f)	koputus	[koputus]
bater (vi)	koputtaa	[koputtɑː]
código (m)	koodi	[koːdi]
fechadura (f) de código	koodilukko	[koːdilukko]

telefone (m) de porta	ovipuhelin	[ovipuhelin]
número (m)	numero	[numero]
placa (f) de porta	taulu	[taulu]
vigia (f), olho (m) mágico	ovisilmä	[ovisilmæ]

85. Casa de campo

aldeia (f)	kylä	[ky𝜆æ]
horta (f)	kasvitarha	[kasvitarha]

cerca (f)	aita	[ajta]
paliçada (f)	aita	[ajta]
cancela (f) do jardim	portti	[portti]

celeiro (m)	aitta	[ajtta]
adega (f)	kellari	[kellari]
galpão, barracão (m)	vaja	[vaja]
poço (m)	kaivo	[kajvo]

fogão (f)	uuni	[u:ni]
atiçar o fogo	lämmittää	[𝜆æmmittæ:]
lenha (carvão ou ~)	polttopuut	[polttopu:t]
acha (lenha)	halko	[halko]

varanda (f)	vilpola	[vilpola]
alpendre (m)	terassi	[terassi]

degraus (m pl) de entrada	kuisti	[kuisti]
balouço (m)	keinu	[kejnu]

86. Castelo. Palácio

castelo (m)	linna	[liŋa]
palácio (m)	palatsi	[palatsi]
fortaleza (f)	linna	[liŋa]

muralha (f)	seinä	[sejnæ]
torre (f)	torni	[torni]
torre (f) de menagem	päätorni	[pæ:torni]

grade (f) levadiça	nostoportti	[nosto portti]
passagem (f) subterrânea	maanalainen käytävä	[ma:nalajnen kæytæuæ]
fosso (m)	kaivanto	[kajvanto]

corrente, cadeia (f)	ketju	[ketju]
seteira (f)	ampuma-aukko	[ampuma aukko]

magnífico	upea	[upea]
majestoso	valtava	[valtava]

inexpugnável	valloittamaton	[vallojttamaton]
medieval	keskiaikainen	[keskiajkajnen]

87. Apartamento

apartamento (m)	asunto	[ɑsunto]
quarto (m)	huone	[huone]
quarto (m) de dormir	makuuhuone	[mɑku: huone]
sala (f) de jantar	ruokailuhuone	[ruokɑjlu huone]
sala (f) de estar	vierashuone	[ʋierɑs huone]
escritório (m)	työhuone	[tyøhuone]
antessala (f)	eteinen	[etejnen]
quarto (m) de banho	kylpyhuone	[kylpyhuone]
toilette (lavabo)	vessa	[ʋessɑ]
teto (m)	katto	[kɑtto]
chão, soalho (m)	lattia	[lɑttiɑ]
canto (m)	nurkka	[nurkkɑ]

88. Apartamento. Limpeza

arrumar, limpar (vt)	siivota	[si:iʋotɑ]
arrumar, guardar (vt)	korjata pois	[korʰjɑtɑ pojs]
pó (m)	pöly	[pøly]
empoeirado	pölyinen	[pølyjnen]
limpar o pó	pyyhkiä pölyt pois	[py:hkiæ pølyt pojs]
aspirador (m)	pölynimuri	[pølynimuri]
aspirar (vt)	imuroida	[imurojdɑ]
varrer (vt)	lakaista	[lɑkɑjstɑ]
sujeira (f)	roskat	[roskɑt]
arrumação (f), ordem (f)	kunto	[kunto]
desordem (f)	epäjärjestys	[epæjærʰjestys]
esfregona (f)	lattiaharja	[lɑttiɑhɑrʰæ]
pano (m), trapo (m)	rätti	[rætti]
vassoura (f)	luuta	[lu:tɑ]
pá (f) de lixo	rikkalapio	[rikkɑlɑpio]

89. Mobiliário. Interior

mobiliário (m)	huonekalut	[huonekɑlut]
mesa (f)	pöytä	[pøytæ]
cadeira (f)	tuoli	[tuoli]
cama (f)	sänky	[sæŋky]
divã (m)	sohva	[sohʋɑ]
cadeirão (m)	nojatuoli	[nojɑtuoli]
estante (f)	kaappi	[kɑ:ppi]
prateleira (f)	hylly	[hylly]
guarda-vestidos (m)	vaatekaappi	[ʋɑ:te kɑ:ppi]
cabide (m) de parede	ripustin	[ripustin]

cabide (m) de pé	naulakko	[naulakko]
cómoda (f)	lipasto	[lipasto]
mesinha (f) de centro	sohvapöytä	[sohʋɑpøjtæ]

espelho (m)	peili	[pejli]
tapete (m)	matto	[matto]
tapete (m) pequeno	pieni matto	[pjeni matto]

lareira (f)	takka	[takka]
vela (f)	kynttilä	[kynttiʌæ]
castiçal (m)	kynttilänjalka	[kynttiʌænjalka]

cortinas (f pl)	kaihtimet	[kajhtimet]
papel (m) de parede	tapetit	[tapetit]
estores (f pl)	rullaverhot	[rulle ʋerhot]

candeeiro (m) de mesa	pöytälamppu	[pøytæ lamppu]
candeeiro (m) de parede	seinävalaisin	[sejna ʋalajsin]
candeeiro (m) de pé	lattialamppu	[lattia lamppu]
lustre (m)	kattokruunu	[kattokru:nu]

perna (da cadeira, etc.)	jalka	[jalka]
braço (m)	käsinoja	[kæsinoja]
costas (f pl)	selkänoja	[selkænoja]
gaveta (f)	laatikko	[la:tikko]

90. Quarto de dormir

roupa (f) de cama	vuodevaatteet	[ʋuodeʋa:tte:t]
almofada (f)	tyyny	[ty:ny]
fronha (f)	tyynyliina	[ty:ny li:ina]
cobertor (m)	vuodepeite	[ʋuodepejte]
lençol (m)	lakana	[lakana]
colcha (f)	peite	[pejte]

91. Cozinha

cozinha (f)	keittiö	[kejttiø]
gás (m)	kaasu	[ka:su]
fogão (m) a gás	kaasuliesi	[ka:su liesi]
fogão (m) elétrico	sähköhella	[sæhkø hella]
forno (m)	paistinuuni	[pajstinu:ni]
forno (m) de micro-ondas	mikroaaltouuni	[mikro a:lto u:ni]

frigorífico (m)	jääkaappi	[jæ:ka:ppi]
congelador (m)	pakastin	[pakastin]
máquina (f) de lavar louça	astianpesukone	[astianpesukone]

moedor (m) de carne	lihamylly	[lihamylly]
espremedor (m)	mehunpuristin	[mehun puristin]
torradeira (f)	leivänpaahdin	[lejʋæn pa:hdin]
batedeira (f)	sekoitin	[sekojtin]

máquina (f) de café	kahvinkeitin	[kahʋiŋkejtin]
cafeteira (f)	kahvipannu	[kahʋipaŋu]
moinho (m) de café	kahvimylly	[kahʋimylly]
chaleira (f)	teepannu	[te:paŋu]
bule (m)	teekannu	[te:kaŋu]
tampa (f)	kansi	[kansi]
coador (f) de chá	teesiivilä	[te:si:iʋiʌæ]
colher (f)	lusikka	[lusikka]
colher (f) de chá	teelusikka	[te: lusikka]
colher (f) de sopa	ruokalusikka	[ruoka lusikka]
garfo (m)	haarukka	[ha:rukka]
faca (f)	veitsi	[ʋejtsi]
louça (f)	astiat	[astiat]
prato (m)	lautanen	[lautanen]
pires (m)	teevati	[te:ʋati]
cálice (m)	pikari	[pikari]
copo (m)	lasi	[lasi]
chávena (f)	kuppi	[kuppi]
açucareiro (m)	sokeriastia	[sokeriastia]
saleiro (m)	suola-astia	[suola astia]
pimenteiro (m)	pippuriastia	[pippuriastia]
manteigueira (f)	voiastia	[ʋojastia]
panela, caçarola (f)	kasari	[kasari]
frigideira (f)	pannu	[paŋu]
concha (f)	liemikauha	[liemikauha]
passador (m)	lävikkö	[ʌæʋikkø]
bandeja (f)	tarjotin	[tarʰøtin]
garrafa (f)	pullo	[pullo]
boião (m) de vidro	lasitölkki	[lasitølkki]
lata (f)	peltitölkki	[peltitølkki]
abre-garrafas (m)	pullonavaaja	[pullonaʋa:jæ]
abre-latas (m)	purkinavaaja	[purkinaʋa:jæ]
saca-rolhas (m)	korkkiruuvi	[korkkiru:ʋi]
filtro (m)	suodatin	[suodatin]
filtrar (vt)	suodattaa	[suodatta:]
lixo (m)	jätteet	[jætte:t]
balde (m) do lixo	roskasanko	[roskasaŋko]

92. Casa de banho

quarto (m) de banho	kylpyhuone	[kylpyhuone]
água (f)	vesi	[ʋesi]
torneira (f)	hana	[hana]
água (f) quente	kuuma vesi	[ku:ma ʋesi]
água (f) fria	kylmä vesi	[kylmæ ʋesi]

| pasta (f) de dentes | hammastahna | [hammas tahna] |
| escovar os dentes | harjata hampaita | [harʰjata hampajta] |

barbear-se (vr)	ajaa parta	[aja: parta:]
espuma (f) de barbear	partavaahdoke	[partaua:hdoke]
máquina (f) de barbear	partaveitsi	[partauejtsi]

lavar (vt)	pestä	[pestæ]
lavar-se (vr)	peseytyä	[peseytyæ]
duche (m)	suihku	[sujhku]
tomar um duche	käydä suihkussa	[kæydæ suihkussa]

banheira (f)	amme	[amme]
sanita (f)	vessanpönttö	[uessanpønttø]
lavatório (m)	pesuallas	[pesuallas]

| sabonete (m) | saippua | [sajppua] |
| saboneteira (f) | saippuakotelo | [sajppua kotelo] |

esponja (f)	pesusieni	[pesusieni]
champô (m)	sampoo	[sampo:]
toalha (f)	pyyhe	[py:he]
roupão (m) de banho	froteinen aamutakki	[frotejnen a:mutakki]

lavagem (f)	pyykin pesu	[py:kin pesu]
máquina (f) de lavar	pesukone	[pesu kone]
lavar a roupa	pestä pyykkiä	[pestæ py:kkiæ]
detergente (m)	pesujauhe	[pesujauhe]

93. Eletrodomésticos

televisor (m)	televisio	[teleuisio]
gravador (m)	nauhuri	[nauhuri]
videogravador (m)	videonauhuri	[uideonauhuri]
rádio (m)	vastaanotin	[uasta:notin]
leitor (m)	korvalappustereot	[korualappustereot]

projetor (m)	videoheitin	[uideohejtin]
cinema (m) em casa	kotiteatteri	[kotiteatteri]
leitor (m) de DVD	DVD-soitin	[deuede sojtin]
amplificador (m)	vahvistin	[uahuistin]
console (f) de jogos	pelikonsoli	[pelikonsoli]

câmara (f) de vídeo	videokamera	[uideokamera]
máquina (f) fotográfica	kamera	[kamera]
câmara (f) digital	digitaalikamera	[digita:li kamera]

aspirador (m)	pölynimuri	[pølynimuri]
ferro (m) de engomar	silitysrauta	[silitys rauta]
tábua (f) de engomar	silityslauta	[silitys lauta]

telefone (m)	puhelin	[puhelin]
telemóvel (m)	matkapuhelin	[matka puhelin]
máquina (f) de escrever	kirjoituskone	[kirʰøjtus kone]

85

máquina (f) de costura	ompelukone	[ompelu kone]
microfone (m)	mikrofoni	[mikrofoni]
auscultadores (m pl)	kuulokkeet	[ku:lokke:t]
controlo remoto (m)	kaukosäädin	[kaukosæ:din]
CD (m)	CD-levy	[sede leʋy]
cassete (f)	kasetti	[kasetti]
disco (m) de vinil	levy	[leʋy]

94. Reparações. Renovação

renovação (f)	remontti	[remontti]
renovar (vt), fazer obras	remontoida	[remontoida]
reparar (vt)	korjata	[korʰjata]
consertar (vt)	panna järjestykseen	[paŋa jærʰjestykse:n]
refazer (vt)	tehdä uudelleen	[tehdæ u:delle:n]
tinta (f)	maali	[ma:li]
pintar (vt)	maalata	[ma:lata]
pintor (m)	maalari	[ma:lari]
pincel (m)	pensseli	[pensseli]
cal (f)	valkaisu	[ʋalkajsu]
caiar (vt)	valkaista	[ʋalkajsta]
papel (m) de parede	tapetit	[tapetit]
colocar papel de parede	tapetoida	[tapetojda]
verniz (m)	lakka	[lakka]
envernizar (vt)	lakata	[lakata]

95. Canalizações

água (f)	vesi	[ʋesi]
água (f) quente	kuuma vesi	[ku:ma ʋesi]
água (f) fria	kylmä vesi	[kylmæ ʋesi]
torneira (f)	hana	[hana]
gota (f)	pisara	[pisara]
gotejar (vi)	tippua	[tippua]
vazar (vt)	vuotaa	[ʋuota:]
vazamento (m)	vuoto	[ʋuoto]
poça (f)	lätäkkö	[ʎætækkø]
tubo (m)	putki	[putki]
válvula (f)	venttiili	[ʋentti:ili]
entupir-se (vr)	tukkeutua	[tukkeutua]
ferramentas (f pl)	instrumentti	[instrumentti]
chave (f) inglesa	mutteriavain	[mutteriaʋajn]
desenroscar (vt)	kiertää irti	[kiertæ: irti]
enroscar (vt)	kiertää	[kærtæ:]
desentupir (vt)	puhdistaa	[puhdista:]

canalizador (m)	putkimies	[putkimies]
cave (f)	kellari	[kellari]
sistema (m) de esgotos	viemäri	[uiemæri]

96. Fogo. Deflagração

incêndio (m)	tuli	[tuli]
chama (f)	liekki	[liekki]
faísca (f)	kipinä	[kipinæ]
fumo (m)	savu	[sauu]
tocha (f)	soihtu	[sojhtu]
fogueira (f)	nuotio	[nuotio]

gasolina (f)	bensiini	[bensi:ini]
querosene (m)	paloöljy	[paloølⁿy]
inflamável	poltto-	[poltto]
explosivo	räjähdysvaarallinen	[ræjæhdys ua:rallinen]
PROIBIDO FUMAR!	EI SAA POLTTAA!	[ej sa: poltta:]

segurança (f)	turvallisuus	[turuallisu:s]
perigo (m)	vaara	[ua:ra]
perigoso	vaarallinen	[ua:ralinen]

incendiar-se (vr)	syttyä tuleen	[syttyæ tule:n]
explosão (f)	räjähdys	[ræjæhdys]
incendiar (vt)	sytyttää	[sytyttæ:]
incendiário (m)	palon sytyttäjä	[palon sytyttæjæ]
incêndio (m) criminoso	tuhopoltto	[tuhopoltto]

arder (vi)	leimuta	[lejmuta]
queimar (vi)	palaa	[pala:]
queimar tudo (vi)	palaa loppuun	[pala: loppu:n]

bombeiro (m)	palomies	[palomies]
carro (m) de bombeiros	paloauto	[paloauto]
corpo (m) de bombeiros	palokunta	[palokunta]
escada (f)extensível	tikkaat	[tikka:t]

mangueira (f)	letku	[letku]
extintor (m)	tulensammutin	[tulen sammutin]
capacete (m)	kypärä	[kypæræ]
sirene (f)	sireeni	[sire:ni]

gritar (vi)	huutaa	[hu:ta:]
chamar por socorro	kutsua avuksi	[kutsua auuksi]
salvador (m)	pelastaja	[pelastaja]
salvar, resgatar (vt)	pelastaa	[pelasta:]

chegar (vi)	saapua	[sa:pua]
apagar (vt)	sammuttaa	[sammutta:]
água (f)	vesi	[uesi]
areia (f)	hiekka	[hiekka]
ruínas (f pl)	rauniot	[rauniot]
ruir (vi)	romahtaa	[romahta:]

desmoronar (vi),	luhistua	[luhistua]
ir abaixo	luhistua	[luhistua]
fragmento (m)	pirstale	[pirstale]
cinza (f)	tuhka	[tuhka]
sufocar (vi)	tukehtua	[tukehtua]
ser morto, morrer (vi)	tuhoutua	[tuhoutua]

ATIVIDADES HUMANAS

Emprego. Negócios. Parte 1

97. Banca

banco (m)	pankki	[paŋkki]
sucursal, balcão (f)	osasto	[osasto]
consultor (m)	neuvoja	[neuuoja]
gerente (m)	johtaja	[øhtaja]
conta (f)	tili	[tili]
número (m) da conta	tilinumero	[tili numero]
conta (f) corrente	käyttötili	[kæyttø tili]
conta (f) poupança	säästötili	[sæ:stø tili]
abrir uma conta	avata tili	[auata tili]
fechar uma conta	kuolettaa tili	[kuoletta: tili]
depositar na conta	panna tilille	[paŋa tilille]
levantar (vt)	nostaa rahat tililtä	[nosta: rahat tililta]
depósito (m)	talletus	[tallotus]
fazer um depósito	tallettaa	[talletta:]
transferência (f) bancária	siirto	[si:irto]
transferir (vt)	siirtää	[si:irtæ:]
soma (f)	summa	[summa]
Quanto?	paljonko	[palʰøŋko]
assinatura (f)	allekirjoitus	[allekirʰøjtus]
assinar (vt)	allekirjoittaa	[allekirʰojtta:]
cartão (m) de crédito	luottokortti	[luotto kortti]
código (m)	koodi	[ko:di]
número (m) do cartão de crédito	luottokortin numero	[luotto kortin numero]
Caixa Multibanco (m)	pankkiautomaatti	[paŋkki automa:tti]
cheque (m)	kuitti	[kujtti]
passar um cheque	kirjoittaa shekki	[kirʰojtta: ʃekki]
livro (m) de cheques	sekkivihko	[se:kkiuihko]
empréstimo (m)	luotto	[luotto]
pedir um empréstimo	hakea luottoa	[hakea luottoa]
obter um empréstimo	saada luotto	[sa:da luotto]
conceder um empréstimo	antaa luottoa	[anta: luottoa]
garantia (f)	takuu	[taku:]

98. Telefone. Conversação telefónica

telefone (m)	puhelin	[puhelin]
telemóvel (m)	matkapuhelin	[matka puhelin]
secretária (f) electrónica	puhelinvastaaja	[puhelin vasta:ja]
fazer uma chamada	soittaa	[sojtta:]
chamada (f)	soitto	[sojtto]
marcar um número	valita numero	[valita numero]
Alô!	Hei!	[hej]
perguntar (vt)	kysyä	[kysyæ]
responder (vt)	vastata	[vastata]
ouvir (vt)	kuulla	[ku:lla]
bem	hyvin	[hyvin]
mal	huonosti	[huonosti]
ruído (m)	häiriöt	[hæjriøt]
auscultador (m)	kuuloke	[ku:loke]
pegar o telefone	nostaa luuri	[nosta: lu:ri]
desligar (vi)	laskea luuri	[laskea lu:ri]
ocupado	varattu	[varattu]
tocar (vi)	soittaa	[sojtta:]
lista (f) telefónica	puhelinluettelo	[puhelin luettelo]
local	paikallinen	[pajkallinen]
para outra cidade	kauko-	[kauko]
internacional	kansainvälinen	[kansajnvælinen]

99. Telefone móvel

telemóvel (m)	matkapuhelin	[matka puhelin]
ecrã (m)	näyttö	[ɲæyttø]
botão (m)	nappula	[nappula]
cartão SIM (m)	SIM-kortti	[sim kortti]
bateria (f)	paristo	[paristo]
descarregar-se	olla tyhjä	[olla ty:hʲa]
carregador (m)	laturi	[laturi]
menu (m)	valikko	[valikko]
definições (f pl)	asetukset	[asetukset]
melodia (f)	melodia	[melodia]
escolher (vt)	valita	[valita]
calculadora (f)	laskin	[laskin]
correio (m) de voz	puhelinvastaaja	[puhelin vasta:ja]
despertador (m)	herätyskello	[herætys kello]
contatos (m pl)	puhelinluettelo	[puhelin luettelo]
mensagem (f) de texto	SMS-viesti	[esemes viesti]
assinante (m)	tilaaja	[tila:ja]

100. Estacionário

caneta (f)	täytekynä	[tæytekyɲæ]
caneta (f) tinteiro	sulkakynä	[sulkakyɲæ]
lápis (m)	lyijykynä	[ly:kyɲæ]
marcador (m)	korostuskynä	[korostuskyɲæ]
caneta (f) de feltro	huopakynä	[huopakyɲæ]
bloco (m) de notas	lehtiö	[lehtiø]
agenda (f)	päivyri	[pæjʊyri]
régua (f)	viivoitin	[ʊi:iʊojtin]
calculadora (f)	laskin	[laskin]
borracha (f)	kumi	[kumi]
pionés (m)	nasta	[nasta]
clipe (m)	paperiliitin	[paperi li:itin]
cola (f)	liima	[li:ima]
agrafador (m)	nitoja	[nitoja]
furador (m)	rei'itin	[rejɪtin]
afia-lápis (m)	teroitin	[terojtin]

Emprego. Negócios. Parte 2

101. Media

jornal (m)	lehti	[lehti]
revista (f)	aikakauslehti	[ajkakaus lehti]
imprensa (f)	lehdistö	[lehdistø]
rádio (m)	radio	[radio]
estação (f) de rádio	radioasema	[radio asema]
televisão (f)	televisio	[teleuisio]
apresentador (m)	juontaja	[juontaja]
locutor (m)	kuuluttaja	[ku:luttaja]
comentador (m)	kommentoija	[kommentoja]
jornalista (m)	lehtimies	[lehtimies]
correspondente (m)	kirjeenvaihtaja	[kirʰje:n uajhtaja]
repórter (m) fotográfico	lehtivalokuvaaja	[lehti ualo kuua:ja]
repórter (m)	reportteri	[reportteri]
redator (m)	toimittaja	[tojmittaja]
redator-chefe (m)	päätoimittaja	[pæ: tojmittaja]
assinar a ...	tilata	[tilata]
assinatura (f)	tilaus	[tilaus]
assinante (m)	tilaaja	[tila:ja]
ler (vt)	lukea	[lukea]
leitor (m)	lukija	[lukija]
tiragem (f)	levikki	[leuikke]
mensal	kuukautinen	[ku:kautinen]
semanal	jokaviikkoinen	[økaui:ikkojnen]
número (jornal, revista)	numero	[numero]
recente	tuore	[tuore]
título (m)	otsikko	[otsikko]
pequeno artigo (m)	lehtikirjoitus	[lehtikirʰøjtus]
coluna (~ semanal)	otsikko	[otsikko]
artigo (m)	artikkeli	[artikkeli]
página (f)	sivu	[siuu]
reportagem (f)	reportaasi	[reporta:si]
evento (m)	tapahtuma	[tapahtuma]
sensação (f)	sensaatio	[sensa:tio]
escândalo (m)	skandaali	[skanda:li]
escandaloso	skandaalimainen	[skanda:limajnen]
grande	kova	[koua]
programa (m) de TV	ohjelma	[ohʰjelma]
entrevista (f)	haastattelu	[ha:stattelu]

| transmissão (f) em direto | suora lähetys | [suora ʎæhetys] |
| canal (m) | kanava | [kanaʋa] |

102. Agricultura

agricultura (f)	maatalous	[maːtalous]
camponês (m)	talonpoika	[talon pojka]
camponesa (f)	talonpoikaisnainen	[talon pojkajs najnen]
agricultor (m)	farmari	[farmari]

| trator (m) | traktori | [traktori] |
| ceifeira-debulhadora (f) | leikkuupuimuri | [lejkku: pujmuri] |

arado (m)	aura	[aura]
arar (vt)	kyntää	[kyntæ:]
campo (m) lavrado	kynnös	[kyŋøs]
rego (m)	vako	[ʋako]

semear (vt)	kylvää	[kylʋæ:]
semeadora (f)	kylvökone	[kylʋøkone]
semeação (f)	kylvö	[kylʋø]

| gadanha (f) | viikate | [ʋiːikate] |
| gadanhar (vt) | niittää | [niːittæ:] |

| pá (f) | lapio | [lapio] |
| cavar (vt) | kaivaa | [kajʋa:] |

enxada (f)	kuokka	[kuokka]
carpir (vt)	kitkeä	[kitkea]
erva (f) daninha	rikkaruoho	[rikka ruoho]

regador (m)	kastelukannu	[kastelukaŋu]
regar (vt)	kastella	[kastella]
rega (f)	kastelu	[kastelu]

| forquilha (f) | hanko | [haŋko] |
| ancinho (m) | harava | [haraʋa] |

fertilizante (m)	lannoite	[laŋojte]
fertilizar (vt)	lannoittaa	[laŋojtta:]
estrume (m)	lanta	[lanta]

campo (m)	pelto	[pelto]
prado (m)	niitty	[niːitty]
horta (f)	kasvitarha	[kasʋitarha]
pomar (m)	puutarha	[puːtarha]

pastar (vt)	paimentaa	[pajmenta:]
pastor (m)	paimen	[pajmen]
pastagem (f)	laidun	[lajdun]

| pecuária (f) | karjanhoito | [karʰjan hojto] |
| criação (f) de ovelhas | lampaanhoito | [lampa:n hojto] |

plantação (f)	viljelys	[ʋilʰelys]
canteiro (m)	kasvipenkki	[kasʋipeŋkki]
invernadouro (m)	lämpölava	[ʎæmpølaʋa]

seca (f)	kuivuus	[kujuu:s]
seco (verão ~)	kuiva	[kujʋa]

cereais (m pl)	vilja	[ʋilʰja]
colher (vt)	korjata	[korʰjata]

moleiro (m)	mylläri	[myʎæri]
moinho (m)	mylly	[mylly]
moer (vt)	jauhaa viljaa	[jauha: ʋilʰæ:]
farinha (f)	jauhot	[jauhot]
palha (f)	oljet	[olʰjet]

103. Construçáo. Processo de construçáo

canteiro (m) de obras	rakennustyömaa	[rakeŋus tyø ma:]
construir (vt)	rakentaa	[rakenta:]
construtor (m)	rakentaja	[rakentaja]

projeto (m)	hanke	[haŋke]
arquiteto (m)	arkkitehti	[arkkitehti]
operário (m)	työläinen	[tyøʎæjnen]

fundação (f)	perustus	[perustus]
telhado (m)	katto	[katto]
estaca (f)	paalu	[pa:lu]
parede (f)	seinä	[sejɲæ]

varões (m pl) para betão	kalusteet	[kaluste:t]
andaime (m)	rakennustelineet	[rakeŋus teline:t]

betão (m)	betoni	[betoni]
granito (m)	graniitti	[grani:itti]
pedra (f)	kivi	[kiʋi]
tijolo (m)	tiili	[ti:ili]

areia (f)	hiekka	[hiekka]
cimento (m)	sementti	[sementti]
emboço (m)	rappaus	[rappaus]
emboçar (vt)	rapata	[rapata]

tinta (f)	maali	[ma:li]
pintar (vt)	maalata	[ma:lata]
barril (m)	tynnyri	[tyŋyri]

grua (f), guindaste (m)	nosturi	[nosturi]
erguer (vt)	nostaa	[nosta:]
baixar (vt)	laskea	[laskea]

buldózer (m)	raivaustraktori	[rajʋaus traktori]
escavadora (f)	kaivuri	[kajʋuri]

caçamba (f)	**kauha**	[kɑuhɑ]
escavar (vt)	**kaivaa**	[kɑjuɑ:]
capacete (m) de proteção	**kypärä**	[kypæræ]

Profissões e ocupações

104. Procura de emprego. Demissão

trabalho (m)	työ	[tyø]
equipa (f)	henkilökunta	[heŋkiløkunta]
carreira (f)	virkaura	[ʋirkaura]
perspetivas (f pl)	tulevaisuuden näkymät	[tuleʋajsu:den nakymat]
mestria (f)	mestaruus	[mestaru:s]
seleção (f)	valinta	[ʋalinta]
agência (f) de emprego	työnvälitys toimisto	[tøjnʋælitys tojmisto]
CV, currículo (m)	ansioluettelo	[ansioluettelo]
entrevista (f) para um emprego	työhaastattelussa	[tyoha:stattelussa]
vaga (f)	vakanssi	[ʋakanssi]
salário (m)	palkka	[palkka]
salário (m) fixo	kiinteä palkka	[ki:inteæ palkka]
pagamento (m)	maksu	[maksu]
posto (m)	virka	[ʋirka]
dever (do empregado)	velvollisuus	[ʋelʋollisu:s]
gama (f) de deveres	velvollisuudet	[ʋelʋollisu:det]
ocupado	varattu	[ʋarattu]
despedir, demitir (vt)	antaa potkut	[anta: potkut]
demissão (f)	irtisanominen	[irtisanominen]
desemprego (m)	työttömyys	[tyøttømy:s]
desempregado (m)	työtön	[tyøtøn]
reforma (f)	eläke	[eʎæke]
reformar-se	jäädä eläkkeelle	[jæ:dæ eʎække:lle]

105. Gente de negócios

diretor (m)	johtaja	[øhtaja]
gerente (m)	johtaja	[øhtaja]
patrão, chefe (m)	esimies	[esimies]
superior (m)	päällikkö	[pæ:likkø]
superiores (m pl)	päällystö	[pæ:llystø]
presidente (m)	presidentti	[presidentti]
presidente (m) de direção	puheenjohtaja	[puhe:n øhtaja]
substituto (m)	sijainen	[sijajnen]
assistente (m)	apulainen	[apulajnen]

secretário (m)	sihteeri	[sihte:ri]
secretário (m) pessoal	henkilökohtainen avustaja	[heŋkylø kohtajnen auustaæ]

homem (m) de negócios	liikemies	[li:ikemies]
empresário (m)	yrittäjä	[yrittæjæ]
fundador (m)	perustaja	[perustaja]
fundar (vt)	perustaa	[perusta:]

fundador, sócio (m)	kumppani	[kumppani]
parceiro, sócio (m)	partneri	[partneri]
acionista (m)	osakkeenomistaja	[osakke:n omistaæ]

milionário (m)	miljonääri	[milʰønæ:ri]
bilionário (m)	miljardööri	[milʰærdø:ri]
proprietário (m)	omistaja	[omistaja]
proprietário (m) de terras	maanomistaja	[ma:nomistaja]

cliente (m)	asiakas	[asiakas]
cliente (m) habitual	vakituinen asiakas	[uakitujnen asiakas]
comprador (m)	ostaja	[ostaja]
visitante (m)	kävijä	[kæuijæ]

profissional (m)	ammattilainen	[ammattilajnen]
perito (m)	asiantuntija	[asiantuntija]
especialista (m)	ammattimies	[ammattimies]

banqueiro (m)	pankkiiri	[paŋkki:iri]
corretor (m)	välittäjä	[uælittæjæ]

caixa (m, f)	kassanhoitaja	[kassanhojtaja]
contabilista (m)	kirjanpitäjä	[kirʰjanpitæjæ]
guarda (m)	vartija	[uartija]

investidor (m)	sijoittaja	[siøjttaja]
devedor (m)	velallinen	[uelallinen]
credor (m)	luotonantaja	[luotonantaja]
mutuário (m)	lainanottaja	[lajnanottajæ]

importador (m)	maahantuoja	[ma:hantuoja]
exportador (m)	viejä	[uiejæ]

produtor (m)	tuottaja	[tuottaja]
distribuidor (m)	tukkumyyjä	[tukkumy:jæ]
intermediário (m)	välittäjä	[uælittæjæ]

consultor (m)	neuvoja	[neuuoja]
representante (m)	edustaja	[edustaja]
agente (m)	asiamies	[asiamies]
agente (m) de seguros	vakuutusasiamies	[uaku:tus asiamies]

106. Profissões de serviços

cozinheiro (m)	kokki	[kokki]
cozinheiro chefe (m)	keittiömestari	[kejttiø mestari]

padeiro (m)	leipuri	[lejpuri]
barman (m)	baarimestari	[ba:rimestari]
empregado (m) de mesa	tarjoilija	[tarʰøjlija]
empregada (f) de mesa	tarjoilijatar	[tarʰøjlijatar]

advogado (m)	asianajaja	[asianajaja]
jurista (m)	lakimies	[lakimies]
notário (m)	notaari	[nota:ri]

eletricista (m)	sähkömies	[sæhkømies]
canalizador (m)	putkimies	[putkimies]
carpinteiro (m)	kirvesmies	[kiruesmies]

massagista (m)	hieroja	[hieroja]
massagista (f)	naishieroja	[najs hieroja]
médico (m)	lääkäri	[læ:kæri]

taxista (m)	taksinkuljettaja	[taksin kuʎjettaja]
condutor (automobilista)	kuljettaja	[kuʎættaja]
entregador (m)	lähetti	[ʎæhetti]

camareira (f)	sisäkkö	[sisækkø]
guarda (m)	vartija	[uartija]
hospedeira (f) de bordo	lentoemäntä	[lentoemæntæ]

professor (m)	opettaja	[opettaja]
bibliotecário (m)	kirjastonhoitaja	[kirʰjaston hojtaja]
tradutor (m)	kääntäjä	[kæ:ntæjæ]
intérprete (m)	tulkki	[tulkki]
guia (pessoa)	opas	[opas]

cabeleireiro (m)	parturi	[parturi]
carteiro (m)	postinkantaja	[postin kantaja]
vendedor (m)	myyjä	[my:jæ]

jardineiro (m)	puutarhuri	[pu:tarhuri]
criado (m)	palvelija	[paluelija]
criada (f)	palvelijatar	[paluelijatar]
empregada (f) de limpeza	siivooja	[si:iuo:ja]

107. Profissões militares e postos

soldado (m) raso	rivimies	[riuimies]
sargento (m)	kersantti	[kersantti]
tenente (m)	luutnantti	[lu:tnantti]
capitão (m)	kapteeni	[kapte:ni]

major (m)	majuri	[majuri]
coronel (m)	eversti	[euersti]
general (m)	kenraali	[kenra:li]
marechal (m)	marsalkka	[marsalkka]
almirante (m)	amiraali	[amira:li]
militar (m)	sotilashenkilö	[sotilas heŋkilø]
soldado (m)	sotilas	[sotilas]

| oficial (m) | upseeri | [upse:ri] |
| comandante (m) | komentaja | [komentaja] |

guarda (m) fronteiriço	rajavartija	[raja vartija]
operador (m) de rádio	radisti	[radisti]
explorador (m)	tiedustelija	[tiedustelija]
sapador (m)	pioneeri	[pione:ri]
atirador (m)	ampuja	[ampuja]
navegador (m)	perämies	[peræmies]

108. Oficiais. Padres

| rei (m) | kuningas | [kuniŋas] |
| rainha (f) | kuningatar | [kuniŋatar] |

| príncipe (m) | prinssi | [prinssi] |
| princesa (f) | prinsessa | [prinsessa] |

| czar (m) | tsaari | [tsa:ri] |
| czarina (f) | tsaaritar | [tsa:ritar] |

presidente (m)	presidentti	[presidentti]
ministro (m)	ministeri	[ministeri]
primeiro-ministro (m)	pääministeri	[pæ: ministeri]
senador (m)	senaattori	[sena:ttori]

diplomata (m)	diplomaatti	[diploma:tti]
cônsul (m)	konsuli	[konsuli]
embaixador (m)	suurlähettiläs	[su:rʎæhettiʎæs]
conselheiro (m)	neuvos	[neuʋos]

funcionário (m)	virkamies	[ʋirkamies]
prefeito (m)	prefekti	[prefekti]
Presidente (m) da Câmara	kaupunginjohtaja	[kaupuŋin øhtaja]

| juiz (m) | tuomari | [tuomari] |
| procurador (m) | syyttäjä | [sy:ttæjæ] |

missionário (m)	lähetystyöntekijä	[ʎæhentystyøntekija]
monge (m)	munkki	[muŋkki]
abade (m)	apotti	[apotti]
rabino (m)	rabbi	[rrabbi]

vizir (m)	visiiri	[ʋisi:iri]
xá (m)	šaahi	[ʃa:hi]
xeque (m)	šeikki	[ʃejkki]

109. Profissões agrícolas

apicultor (m)	mehiläishoitaja	[mehiʎæjs hojtaja]
pastor (m)	paimen	[pajmen]
agrónomo (m)	agronomi	[agronomi]

criador (m) de gado	karjanhoitaja	[karʰjan hojtaja]
veterinário (m)	eläinlääkäri	[eʌæjn læ:kari]

agricultor (m)	farmari	[farmari]
vinicultor (m)	viininvalmistaja	[ʋi:inin ʋalmistaja]
zoólogo (m)	eläintieteilijä	[eʌæjn tietejlijæ]
cowboy (m)	cowboy	[kauboj]

110. Profissões artísticas

ator (m)	näyttelijä	[ɲæyttelijæ]
atriz (f)	näyttelijätär	[ɲæytteʌætær]

cantor (m)	laulaja	[laulaja]
cantora (f)	naislaulaja	[najslaulaja]

bailarino (m)	tanssija	[tanssija]
bailarina (f)	tanssijatar	[tanssijatar]

artista (m)	näyttelijä	[ɲæyttelijæ]
artista (f)	näyttelijätär	[ɲæytteʌætær]

músico (m)	muusikko	[mu:sikko]
pianista (m)	pianisti	[pianisti]
guitarrista (m)	kitaransoittaja	[kitaran sojttaja]

maestro (m)	kapellimestari	[kapelli mestari]
compositor (m)	säveltäjä	[sæʋeltæjæ]
empresário (m)	järjestäjä	[jærʰjestæjæ]

realizador (m)	ohjaaja	[ohʰja:ja]
produtor (m)	tuottaja	[tuottaja]
argumentista (m)	skenaristi	[skenaristi]
crítico (m)	arvostelija	[arʋostelija]

escritor (m)	kirjailija	[kirʰjajlija]
poeta (m)	runoilija	[runojlija]
escultor (m)	kuvanveistäjä	[kuʋanʋejstæjæ]
pintor (m)	taiteilija	[tajtejlija]

malabarista (m)	jonglööri	[øŋlø:ri]
palhaço (m)	klovni	[klouni]
acrobata (m)	akrobaatti	[akroba:tti]
mágico (m)	taikuri	[tajkuri]

111. Várias profissões

médico (m)	lääkäri	[læ:kæri]
enfermeira (f)	sairaanhoitaja	[sajra:n hojtaja]
psiquiatra (m)	psykiatri	[psykiatri]
estomatologista (m)	hammaslääkäri	[hammas læ:kæri]
cirurgião (m)	kirurgi	[kirurgi]

astronauta (m)	astronautti	[astronautti]
astrónomo (m)	tähtitieteilijä	[tæhti tietejlijæ]
piloto (m)	lentäjä	[lentæjæ]
motorista (m)	kuljettaja	[kuʎættaja]
maquinista (m)	junankuljettaja	[yneŋkuʎættaja]
mecânico (m)	mekaanikko	[meka:nikko]
mineiro (m)	kaivosmies	[kajʋosmies]
operário (m)	työläinen	[tyøʎæjnen]
serralheiro (m)	viilaaja	[ʋi:ila:ja]
marceneiro (m)	puuseppä	[pu:seppæ]
torneiro (m)	sorvari	[sorʋari]
construtor (m)	rakentaja	[rakentaja]
soldador (m)	hitsari	[hitsari]
professor (m) catedrático	professori	[professori]
arquiteto (m)	arkkitehti	[arkkitehti]
historiador (m)	historioitsija	[historiojtsija]
cientista (m)	tiedemies	[tiedemies]
físico (m)	fyysikko	[fy:sikko]
químico (m)	kemisti	[kemisti]
arqueólogo (m)	arkeologi	[arkeologi]
geólogo (m)	geologi	[geologi]
pesquisador (cientista)	tutkija	[tutkija]
babysitter (f)	lastenhoitaja	[lasten hojtaja]
professor (m)	pedagogi	[pedagogi]
redator (m)	toimittaja	[tojmittaja]
redator-chefe (m)	päätoimittaja	[pæ: tojmittaja]
correspondente (m)	kirjeenvaihtaja	[kirʰje:n ʋajhtaja]
datilógrafa (f)	konekirjoittaja	[kone kirʰøjttaja]
designer (m)	muotoilija	[muotojlija]
especialista (m) em informática	tietokoneasiantuntija	[tietokone asiantuntija]
programador (m)	ohjelmoija	[ohʰjelmoja]
engenheiro (m)	insinööri	[insinø:ri]
marujo (m)	merimies	[merimies]
marinheiro (m)	matruusi	[matru:si]
salvador (m)	pelastaja	[pelastaja]
bombeiro (m)	palomies	[palomies]
polícia (m)	poliisi	[poli:isi]
guarda-noturno (m)	vahti	[ʋahti]
detetive (m)	etsivä	[etsiʋæ]
funcionário (m) da alfândega	tullimies	[tullimies]
guarda-costas (m)	henkivartija	[heŋkiʋartija]
guarda (m) prisional	vanginvartija	[ʋaŋinʋartija]
inspetor (m)	tarkastaja	[tarkastaja]
desportista (m)	urheilija	[urhejlija]
treinador (m)	valmentaja	[ʋalmentaja]

talhante (m)	lihanleikkaaja	[lihanlejka:æ]
sapateiro (m)	suutari	[su:tari]
comerciante (m)	liikemies	[li:ikemies]
carregador (m)	lastaaja	[lasta:ja]

estilista (m)	muotisuunnittelija	[muoti su:ŋittelija]
modelo (f)	malli	[malli]

112. Ocupações. Estatuto social

aluno, escolar (m)	koululainen	[koululajnen]
estudante (~ universitária)	ylioppilas	[ylioppilas]

filósofo (m)	filosofi	[filosofi]
economista (m)	taloustieteilijä	[talous tietejlijæ]
inventor (m)	keksijä	[keksiæ]

desempregado (m)	työtön	[tyøtøn]
reformado (m)	eläkeläinen	[eʎækeʎæjnen]
espião (m)	vakoilija	[ʋakojlija]

preso (m)	vanki	[ʋaŋki]
grevista (m)	lakkolainen	[lakkolajnen]
burocrata (m)	virkamies	[ʋirkamies]
viajante (m)	matkailija	[matkajlija]

homossexual (m)	homoseksuaali	[homoseksua:li]
hacker (m)	hakkeri	[hakkeri]

bandido (m)	rosvo	[rosʋo]
assassino (m) a soldo	salamurhaaja	[sala murha:ja]
toxicodependente (m)	narkomaani	[narkoma:ni]
traficante (m)	huumekauppias	[hu:me kauppias]
prostituta (f)	prostituoitu	[prostituojtu]
chulo (m)	sutenööri	[sutenø:ri]

bruxo (m)	noita	[nojta]
bruxa (f)	noita	[nojta]
pirata (m)	merirosvo	[merirosʋo]
escravo (m)	orja	[orʰja]
samurai (m)	samurai	[samuraj]
selvagem (m)	villi-ihminen	[ʋilli ihminen]

Desportos

113. Tipos de desportos. Desportistas

desportista (m)	urheilija	[urhejllja]
tipo (m) de desporto	urheilulaji	[urhejlulajı]
basquetebol (m)	koripallo	[koripallo]
jogador (m) de basquetebol	koripalloilija	[koripallojlija]
beisebol (m)	pesäpallo	[pesæpallo]
jogador (m) de beisebol	pesäpallon pelaaja	[pesæpallon pela:æ]
futebol (m)	jalkapallo	[jalka pallo]
futebolista (m)	jalkapalloilija	[jalka pallojlija]
guarda-redes (m)	maalivahti	[ma:liuahti]
hóquei (m)	jääkiekko	[jæ:kækko]
jogador (m) de hóquei	jääkiekkoilija	[jæ:kiekkojlija]
voleibol (m)	lentopallo	[lento pallo]
jogador (m) de voleibol	lentopalloilija	[lento pallojlija]
boxe (m)	nyrkkeily	[nyrkkejly]
boxeador, pugilista (m)	nyrkkeilijä	[nyrkkejlijæ]
luta (f)	taistelu	[tajstelu]
lutador (m)	taistelija	[tajstelija]
karaté (m)	karate	[karate]
karateca (m)	karateka	[karateka]
judo (m)	judo	[judo]
judoca (m)	judoka	[judoka]
ténis (m)	tennis	[teɲis]
tenista (m)	tenniksen pelaaja	[teɲiksen pela:ja]
natação (f)	uinti	[ujnti]
nadador (m)	uimari	[ujmari]
esgrima (f)	miekkailu	[miekkajlu]
esgrimista (m)	miekkailija	[miekkajlija]
xadrez (m)	šakki	[ʃakki]
xadrezista (m)	šakinpelaaja	[ʃakinpela:ja]
alpinismo (m)	vuorikiipeily	[uuoriki:ipejly]
alpinista (m)	vuorikiipeilijä	[uuoriki:ipejlijæ]
corrida (f)	juoksu	[juoksu]

corredor (m)	juoksija	[juoksija]
atletismo (m)	yleisurheilu	[ylejsurhejlu]
atleta (m)	yleisurheilija	[ylejsurhejlija]

hipismo (m)	ratsastusurheilu	[ratsastus urhejlu]
cavaleiro (m)	ratsastaja	[ratsastaja]

patinagem (f) artística	taitoluistelu	[tajto lujstelu]
patinador (m)	taitoluistelija	[tajto lujstelija]
patinadora (f)	taitoluistelija	[tajto lujstelija]

halterofilismo (m)	painonnosto	[pajnoŋosto]
halterofilista (m)	painonnostaja	[pajnon nostaja]

corrida (f) de carros	kilpa-autoilu	[kilpa autojlu]
piloto (m)	kilpa-ajaja	[kilpa ajaja]

ciclismo (m)	pyöräily	[pyøræjly]
ciclista (m)	pyöräilijä	[pyøræjlijæ]

salto (m) em comprimento	pituushyppy	[pitu:s hyppy]
salto (m) à vara	seiväshyppy	[sejʋæs hyppy]
atleta (m) de saltos	hyppääjä	[hyppæ:jæ]

114. Tipos de desportos. Diversos

futebol (m) americano	Amerikkalainen jalkapallo	[amerikkalajnen jalkapallo]
badminton (m)	sulkapallo	[sulkapallo]
biatlo (m)	ampumahiihto	[ampumahi:ihto]
bilhar (m)	biljardi	[bilʰjardi]

bobsleigh (m)	rattikelkka	[ratti kelkka]
musculação (f)	kehonrakennus	[kehonrakeŋus]
polo (m) aquático	vesipallo	[ʋesi pallo]
handebol (m)	käsipallo	[kæsi pallo]
golfe (m)	golf	[goʎf]

remo (m)	soutu	[soutu]
mergulho (m)	sukellus	[sukellus]
corrida (f) de esqui	murtomaahiihto	[murtoma:hi:ihto]
ténis (m) de mesa	pöytätennis	[pøytæ teŋis]

vela (f)	purjehdus	[purʰjehdus]
rali (m)	ralli	[ralli]
râguebi (m)	rugby	[ragbi]
snowboard (m)	lumilautailu	[lumi lautajlu]
tiro (m) com arco	jousiammunta	[øusiam munta]

115. Ginásio

barra (f)	painonnostotanko	[pajnoŋosto taŋko]
halteres (m pl)	käsipainot	[kæsipajnot]

aparelho (m) de musculaçao	kuntolaite	[kuntolajte]
bicicleta (f) ergométrica	kuntopyörä	[kuntopyøræ]
passadeira (f) de corrida	juoksurata	[juoksurata]

barra (f) fixa	tanko	[taŋko]
barras (f) paralelas	nojapuut	[noja pu:t]
cavalo (m)	ratsu	[ratsu]
tapete (m) de ginástica	matto	[matto]

aeróbica (f)	aerobick	[aerobik]
ioga (f)	jooga	[ø:ga]

116. Desportos. Diversos

Jogos (m pl) Olímpicos	Olympiakisat	[olympia kisat]
vencedor (m)	voittaja	[ʋojttaja]
vencer (vi)	voittaa	[ʋojtta:]
vencer, ganhar (vi)	voittaa	[ʋojtta:]

líder (m)	johtaja	[øhtaja]
liderar (vt)	johtaa	[øhta:]

primeiro lugar (m)	ensimmäinen sija	[ensimmæjnen sija]
segundo lugar (m)	toinen sija	[tojnen sija]
terceiro lugar (m)	kolmas sija	[kolmas sija]

medalha (f)	mitali	[mitali]
troféu (m)	saalis	[saˈlis]
taça (f)	pokaali	[poka:li]
prémio (m)	palkinto	[palkinto]
prémio (m) principal	pääpalkinto	[pæ: palkinto]

recorde (m)	ennätys	[eŋætys]
estabelecer um recorde	saavuttaa ennätys	[sa:ʋutta: eŋætys]

final (m)	loppuottelu	[loppuottelu]
final	finaali-	[fina:li]

campeão (m)	mestari	[mestari]
campeonato (m)	mestaruuskilpailut	[mestaru:s kilpajlut]

estádio (m)	stadion	[stadion]
bancadas (f pl)	katsomo	[katsomo]
fã, adepto (m)	penkkiurheilija	[peŋkki urhejlija]
adversário (m)	vastustaja	[ʋastustaja]

partida (f)	lähtö	[ʎæhtø]
chegada, meta (f)	maali	[ma:li]

derrota (f)	häviö	[hæʋiø]
perder (vt)	hävitä	[hæʋitæ]

árbitro (m)	tuomari	[tuomari]
júri (m)	tuomaristo	[tuomaristo]

resultado (m)	maaliluku	[maːliluku]
empate (m)	tasapeli	[tasapeli]
empatar (vi)	pelata tasan	[pelata tasan]
ponto (m)	piste	[piste]
resultado (m) final	tulos	[tulos]

intervalo (m)	tauko	[tauko]
doping (m)	doping	[dopiŋ]
penalizar (vt)	rangaista	[raŋajsta]
desqualificar (vt)	diskvalifioida	[diskʋalifiojda]

aparelho (m)	teline	[teline]
dardo (m)	keihäs	[kejɦæs]
peso (m)	kuula	[kuːla]
bola (f)	biljardipallo	[bilʰjardi pallo]

alvo, objetivo (m)	maali	[maːli]
alvo (~ de papel)	maali	[maːli]
atirar, disparar (vi)	ampua	[ampua]
preciso (tiro ~)	tarkka	[tarkka]

treinador (m)	valmentaja	[ʋalmentaja]
treinar (vt)	valmentaa	[ʋalmenta:]
treinar-se (vr)	valmentautua	[ʋalmentautua]
treino (m)	valmennus	[ʋalmeŋus]

ginásio (m)	voimistelusali	[ʋojmistelu sali]
exercício (m)	liike	[liːike]
aquecimento (m)	verryttely	[ʋerryttely]

Educação

117. Escola

escola (f)	koulu	[koulu]
diretor (m) de escola	koulun rehtori	[koulun rehtori]
aluno (m)	oppilas	[oppilɑs]
aluna (f)	tyttöoppilas	[tyttø oppilɑs]
escolar (m)	koululainen	[koululɑjnen]
escolar (f)	koululainen	[koululɑjnen]
ensinar (vt)	opettaa	[opetta:]
aprender (vt)	opetella	[opetellɑ]
aprender de cor	oppia ulkoa	[oppiɑ ulkoɑ]
estudar (vi)	opiskella	[opiskellɑ]
andar na escola	käydä koulua	[kæydæ kouluɑ]
ir à escola	mennä kouluun	[meŋɑ koulu:n]
alfabeto (m)	aakkoset	[ɑ:kkoset]
disciplina (f)	oppiaine	[oppiɑjne]
sala (f) de aula	luokka	[luokkɑ]
lição (f)	tunti	[tunti]
recreio (m)	tauko	[tauko]
toque (m)	soitto	[sojtto]
carteira (f)	pulpetti	[pulpetti]
quadro (m) negro	taulu	[taulu]
nota (f)	arvosana	[ɑrʋosɑnɑ]
boa nota (f)	hyvä arvosana	[hyʋæ ɑrʋosɑnɑ]
nota (f) baixa	huono arvosana	[huono ɑrʋosɑnɑ]
dar uma nota	merkitä arvosana	[merkitæ ɑrʋosɑnɑ]
erro (m)	virhe	[ʋirhe]
fazer erros	tehdä virheet	[tehdæ ʋirhe:t]
corrigir (vt)	korjata	[korʰjɑtɑ]
cábula (f)	lunttilappu	[lunttilɑppu]
dever (m) de casa	kotitehtävä	[kotitehtæʋæ]
exercício (m)	harjoitus	[harʰøjtus]
estar presente	olla läsnä	[ollɑ ʎæsɲæ]
estar ausente	olla poissa	[ollɑ pojssɑ]
punir (vt)	rangaista	[rɑŋɑjstɑ]
punição (f)	rangaistus	[rɑŋɑjstus]
comportamento (m)	käytös	[kæytøs]
boletim (m) escolar	oppilaan päiväkirja	[oppilɑ:n pæjʋækirʰjɑ]

lápis (m)	lyijykynä	[ly:kyɲæ]
borracha (f)	kumi	[kumi]
giz (m)	liitu	[li:itu]
estojo (m)	kynäkotelo	[kyɲækotelo]

pasta (f) escolar	salkku	[sɑlkku]
caneta (f)	kynä	[kyɲæ]
caderno (m)	vihko	[ʋihko]
manual (m) escolar	oppikirja	[oppikirʰjɑ]
compasso (m)	harppi	[hɑrppi]

traçar (vt)	piirtää	[pi:irtæ:]
desenho (m) técnico	piirros	[pi:irros]

poesia (f)	runo	[runo]
de cor	ulkoa	[ulkoɑ]
aprender de cor	oppia ulkoa	[oppiɑ ulkoɑ]

férias (f pl)	loma	[lomɑ]
estar de férias	olla lomalla	[ollɑ lomɑllɑ]

teste (m)	koe	[koe]
composição, redação (f)	ainekirjoitus	[ɑjnekirʰøjtus]
ditado (m)	sanelu	[sɑnelu]

exame (m)	tentti	[tentti]
fazer exame	suorittaa tentit	[suorittɑ: tentit]
experiência (~ química)	koe	[koe]

118. Colégio. Universidade

academia (f)	akatemia	[ɑkɑtemiɑ]
universidade (f)	yliopisto	[yliopisto]
faculdade (f)	tiedekunta	[tiede kuntɑ]

estudante (m)	opiskelija	[opiskelijɑ]
estudante (f)	opiskelija	[opiskelijɑ]
professor (m)	opettaja	[opettɑjɑ]

sala (f) de palestras	luentosali	[luentosɑli]
graduado (m)	valmistunut	[ʋɑlmistunut]

diploma (m)	diplomi	[diplomi]
tese (f)	väitöskirja	[ʋæjtøskirʰjɑ]

estudo (obra)	tutkimus	[tutkimus]
laboratório (m)	laboratorio	[lɑborɑtorio]

palestra (f)	luento	[luento]
colega (m) de curso	kurssitoveri	[kurssitoʋeri]

bolsa (f) de estudos	opintotuki	[opinto tuki]
grau (m) académico	oppiarvo	[oppi ɑrʋo]

119. Ciências. Disciplinas

matemática (f)	matematiikka	[matemati:ikka]
álgebra (f)	algebra	[algebra]
geometria (f)	geometria	[geometria]

astronomia (f)	tähtitiede	[tæhti tiede]
biologia (f)	biologia	[biologia]
geografia (f)	maantiede	[ma:ntiede]
geologia (f)	geologia	[geologia]
história (f)	historia	[historia]

medicina (f)	lääketiede	[læ:ketiede]
pedagogia (f)	pedagogiikka	[pedagogi:ikka]
direito (m)	oikeustiede	[ojkeustiede]

física (f)	fysiikka	[fysi:ikka]
química (f)	kemia	[kemia]
filosofia (f)	filosofia	[filosofia]
psicologia (f)	psykologia	[psykologia]

120. Sistema de escrita. Ortografia

gramática (f)	kielioppi	[kielioppi]
vocabulário (m)	sanasto	[sanasto]
fonética (f)	äänneoppi	[æ:ŋeoppi]

substantivo (m)	substantiivi	[substanti:iʋi]
adjetivo (m)	adjektiivi	[adjekti:iʋi]
verbo (m)	verbi	[ʋerbi]
advérbio (m)	adverbi	[adʋerbi]

pronome (m)	pronomini	[pronomini]
interjeição (f)	interjektio	[interʰjektio]
preposição (f)	prepositio	[prepositio]

raiz (f) da palavra	sanan kanta	[sanan kanta]
terminação (f)	pääte	[pæ:te]
prefixo (m)	etuliite	[etuli:ite]
sílaba (f)	tavu	[taʋu]
sufixo (m)	johdin	[øhdin]

| acento (m) | paino | [pajno] |
| apóstrofo (m) | heittomerkki | [hejttomerkki] |

ponto (m)	piste	[piste]
vírgula (f)	pilkku	[pilkku]
ponto e vírgula (m)	puolipiste	[puolipiste]
dois pontos (m pl)	kaksoispiste	[kaksojspiste]
reticências (f pl)	pisteryhmä	[pisteryhmæ]

| ponto (m) de interrogação | kysymysmerkki | [kysymys merkki] |
| ponto (m) de exclamação | huutomerkki | [hu:tomerkki] |

aspas (f pl)	lainausmerkit	[lɑjnɑus merkit]
entre aspas	lainausmerkeissä	[lɑjnɑus merkejssæ]
parênteses (m pl)	sulkumerkit	[sulkumerkit]
entre parênteses	sulkumerkeissä	[sulkumerkejssæ]
hífen (m)	tavuviiva	[tɑʋu ʋiːiʋɑ]
travessão (m)	ajatusviiva	[ɑætusʋiːiʋɑ]
espaço (m)	väli	[ʋæli]
letra (f)	kirjain	[kirʰjɑjn]
letra (f) maiúscula	iso kirjain	[iso kirʰjɑjn]
vogal (f)	vokaali	[ʋokɑːli]
consoante (f)	konsonantti	[konsonɑntti]
frase (f)	lause	[lɑuse]
sujeito (m)	subjekti	[subʰjekti]
predicado (m)	predikaatti	[predikɑːtti]
linha (f)	rivi	[riʋi]
em uma nova linha	uudella rivillä	[uːdelɑ riʋillɑ]
parágrafo (m)	kappale	[kɑppɑle]
palavra (f)	sana	[sɑnɑ]
grupo (m) de palavras	sanaliitto	[sɑnɑ liːitto]
expressão (f)	ilmaisu	[ilmɑjsu]
sinónimo (m)	synonyymi	[synonyːmi]
antónimo (m)	antonyymi	[ɑntonyːmi]
regra (f)	sääntö	[sæːntø]
exceção (f)	poikkeus	[pojkkeus]
correto	oikea	[ojkeɑ]
conjugação (f)	verbien taivutus	[ʋerbien tɑjuutus]
declinação (f)	nominien taivutus	[nominien tɑjuutus]
caso (m)	sija	[sijɑ]
pergunta (f)	kysymys	[kysymys]
sublinhar (vt)	alleviivata	[alleʋiːiʋɑtɑ]
linha (f) pontilhada	pisteviiva	[pisteʋiːiʋɑ]

121. Línguas estrangeiras

língua (f)	kieli	[kieli]
língua (f) estrangeira	vieras kieli	[ʋierɑs kieli]
estudar (vt)	opiskella	[opiskellɑ]
aprender (vt)	opetella	[opetellɑ]
ler (vt)	lukea	[lukeɑ]
falar (vi)	puhua	[puhuɑ]
compreender (vt)	ymmärtää	[ymmærtæː]
escrever (vt)	kirjoittaa	[kirʰojttɑː]
rapidamente	nopeasti	[nopeɑsti]
devagar	hitaasti	[hitɑːsti]

fluentemente	sujuvasti	[sujuʋɑsti]
regras (f pl)	säännöt	[sæ:ŋøt]
gramática (f)	kielioppi	[kielioppi]
vocabulário (m)	sanasto	[sɑnɑsto]
fonética (f)	äänneoppi	[æ:ŋeoppi]

manual (m) escolar	oppikirja	[oppikirʰjɑ]
dicionário (m)	sanakirja	[sɑnɑkirʰjɑ]
manual (m) de autoaprendizagem	itseopiskeluopas	[itseopiskelu opɑs]
guia (m) de conversação	fraasisanakirja	[frɑ:si sɑnɑkirʲɑ]

cassete (f)	kasetti	[kɑsetti]
vídeo cassete (m)	videokasetti	[ʋideokɑsetti]
CD (m)	CD-levy	[sede leʋy]
DVD (m)	DVD-levy	[deʋede leʋy]

alfabeto (m)	aakkoset	[ɑ:kkoset]
soletrar (vt)	tavata	[tɑʋɑtɑ]
pronúncia (f)	ääntäminen	[æ:ntæminen]

sotaque (m)	korostus	[korostus]
com sotaque	vieraasti korostaen	[ʋierɑ:sti korostaen]
sem sotaque	ilman korostusta	[ilmɑn korostustɑ]

palavra (f)	sana	[sɑnɑ]
sentido (m)	merkitys	[merkitys]

cursos (m pl)	kurssit	[kurssit]
inscrever-se (vr)	ilmoittautua	[ilmojttautuɑ]
professor (m)	opettaja	[opettɑjɑ]

tradução (processo)	kääntäminen	[kæ:ntæminen]
tradução (texto)	käännös	[kæ:ŋøs]
tradutor (m)	kääntäjä	[kæ:ntæjæ]
intérprete (m)	tulkki	[tulkki]

poliglota (m)	monikielinen	[moni kielinen]
memória (f)	muisti	[mujsti]

122. Personagens de contos de fadas

Pai (m) Natal	Santa Claus	[sɑntɑ klɑus]
sereia (f)	merenneito	[mereŋejto]

mago (m)	noita	[nojtɑ]
fada (f)	hyvä noita	[hyʋɑ nojtɑ]
mágico	taika-	[tɑjkɑ]
varinha (f) mágica	taikasauva	[tɑjkɑ sɑuʋɑ]

conto (m) de fadas	satu	[sɑtu]
milagre (m)	ihme	[ihme]
anão (m)	tonttu	[tonttu]
transformar-se em ...	muuttua ...	[mu:ttuɑ]

fantasma (m)	haamu	[hɑːmu]
espetro (m)	kummitus	[kummitus]
monstro (m)	hirviö	[hirʋiø]
dragão (m)	lohikäärme	[lohikæːrme]
gigante (m)	jättiläinen	[jættiʎæjnen]

123. Signos do Zodíaco

Carneiro	Oinas	[ojnɑs]
Touro	Härkä	[hærkæ]
Gémeos	Kaksoset	[kɑksoset]
Caranguejo	Rapu	[rɑpu]
Leão	Leijona	[leiønɑ]
Virgem	Neitsyt	[nejtsyt]

Balança	Vaaka	[ʋɑːkɑ]
Escorpião	Skorpioni	[skorpioni]
Sagitário	Jousimies	[øusimies]
Capricórnio	Kauris	[kɑuris]
Aquário	Vesimies	[ʋesimies]
Peixes	Kalat	[kɑlɑt]

caráter (m)	luonne	[luoŋe]
traços (m pl) do caráter	luonteenpiirteet	[luonteːn piːirteːt]
comportamento (m)	käytös	[kæytøs]
predizer (vt)	ennustaa	[eŋustɑː]
adivinha (f)	ennustaja	[eŋustɑjɑ]
horóscopo (m)	horoskooppi	[horoskoːppi]

Artes

124. Teatro

teatro (m)	teatteri	[teatteri]
ópera (f)	ooppera	[o:ppera]
opereta (f)	operetti	[operetti]
balé (m)	baletti	[baletti]
cartaz (m)	juliste	[juliste]
companhia (f) teatral	seurue	[seurue]
turné (digressão)	kiertue	[kjertue]
estar em turné	vierailla	[ʋierajlla]
ensaiar (vt)	harjoitella	[harʰøjtella]
ensaio (m)	harjoitus	[harʰøjtus]
repertório (m)	ohjelmisto	[ohjelmisto]
apresentação (f)	esitys	[esitys]
espetáculo (m)	näytelmä	[ɲæytelmæ]
peça (f)	näytelmä	[ɲæytelmæ]
bilhete (m)	lippu	[lippu]
bilheteira (f)	lippukassa	[lippukassa]
hall (m)	aula	[aula]
guarda-roupa (m)	naulakko	[naulakko]
senha (f) numerada	vaatelappu	[ʋa:te lappu]
binóculo (m)	kiikari	[ki:ikari]
lanterninha (m)	tarkastaja	[tarkastaja]
plateia (f)	permanto	[permanto]
balcão (m)	parveke	[parʋeke]
primeiro balcão (m)	ensi parvi	[ensi parʋi]
camarote (m)	aitio	[ajtio]
fila (f)	rivi	[riʋi]
assento (m)	paikka	[pajkka]
público (m)	yleisö	[ylejsø]
espetador (m)	katsoja	[katsoja]
aplaudir (vt)	taputtaa käsiä	[taputta: kæsiæ]
aplausos (m pl)	aplodit	[aplodit]
ovação (f)	suosionosoitukset	[suosionosojtukset]
palco (m)	näyttämö	[ɲæyttæmø]
pano (m) de boca	esirippu	[esirippu]
cenário (m)	lavastus	[laʋastus]
bastidores (m pl)	kulissit	[kulissit]
cena (f)	kohtaus	[kohtaus]
ato (m)	näytös	[ɲæutøs]
entreato (m)	väliaika	[ʋæliajka]

125. Cinema

ator (m)	näyttelijä	[næyttelijæ]
atriz (f)	näyttelijätär	[næytteʎætær]
cinema (m)	elokuvat	[elokuʋat]
filme (m)	elokuva	[elokuʋɑ]
episódio (m)	sarja	[sarʰjɑ]
filme (m) policial	dekkari	[dekkɑri]
filme (m) de ação	toimintaelokuva	[tojmintɑ elokuʋɑ]
filme (m) de aventuras	seikkailuelokuva	[sejkkɑjlu elokuʋɑ]
filme (m) de ficção científica	tieteisfiktioelokuva	[tjetesfiktio elokuʋɑ]
filme (m) de terror	kauhuelokuva	[kɑuhu elokuʋɑ]
comédia (f)	komedia	[komediɑ]
melodrama (m)	melodraama	[melodrɑ:mɑ]
drama (m)	draama	[drɑ:mɑ]
filme (m) ficcional	kuvitteellinen elokuva	[kuʋite:linen elokuʋɑ]
documentário (m)	dokumenttielokuva	[dokumentti elokuʋɑ]
desenho (m) animado	piirrosfilmi	[pi:irros filmi]
cinema (m) mudo	mykkäelokuva	[mykkæ elokuʋɑ]
papel (m)	osa	[osɑ]
papel (m) principal	pääosa	[pæ:osɑ]
representar (vt)	näytellä	[næyteʎæ]
estrela (f) de cinema	filmitähti	[filmitæhti]
conhecido	tunnettu	[tuŋettu]
famoso	kuulu	[ku:lu]
popular	suosittu	[suosittu]
argumento (m)	käsikirjoitus	[kæsikirʰøjtus]
argumentista (m)	skenaristi	[skenɑristi]
realizador (m)	ohjaaja	[ohʰjɑ:jɑ]
produtor (m)	tuottaja	[tuottɑjɑ]
assistente (m)	avustaja	[aʋustɑjɑ]
diretor (m) de fotografia	operaattori	[operɑ:ttori]
duplo (m)	temppumies	[temppumies]
filmar (vt)	elokuvata	[elokuʋɑtɑ]
audição (f)	kokeilut	[kokejlut]
filmagem (f)	filmaus	[filmɑus]
equipe (f) de filmagem	filmausryhmä	[filmɑus ryhmæ]
set (m) de filmagem	filmauskenttä	[filmɑus kenttæ]
câmara (f)	elokuvakamera	[elokuʋɑ kamerɑ]
cinema (m)	elokuvateatteri	[elokuʋɑ teatteri]
ecrã (m), tela (f)	valkokangas	[ʋɑlkokɑŋɑs]
exibir um filme	esittää elokuvaa	[esittæ: elokuʋɑ:]
pista (f) sonora	ääniraita	[æ:nirɑjtɑ]
efeitos (m pl) especiais	tehosteet	[tehoste:t]
legendas (f pl)	tekstitykset	[tekstitykset]

crédito (m)	lopputekstit	[lopputekstit]
tradução (f)	käännös	[kæ:ŋøs]

126. Pintura

arte (f)	taide	[tɑjde]
belas-artes (f pl)	kaunotaiteet	[kɑunotɑjte:t]
galeria (f) de arte	galleria	[gɑlleriɑ]
exposição (f) de arte	taidenäyttely	[tɑjdeɲæyttely]
pintura (f)	maalaustaide	[mɑ:lɑus tɑjde]
arte (f) gráfica	piirrostaide	[pi:irros tɑjde]
arte (f) abstrata	abstraktinen taide	[abstraktinen tɑjde]
impressionismo (m)	impressionismi	[impressionismi]
pintura (f), quadro (m)	taulu	[tɑulu]
desenho (m)	piirros	[pi:irros]
cartaz, póster (m)	juliste	[juliste]
ilustração (f)	kuva	[kuʋɑ]
miniatura (f)	pienoiskuva	[pienojskuʋɑ]
cópia (f)	kopio	[kopio]
reprodução (f)	jäljennös	[jælʰjeŋøs]
mosaico (m)	mosaiikki	[mosɑi:ikki]
vitral (m)	ikkunamaalaus	[ikkunɑmɑ:lɑus]
fresco (m)	fresko	[fresko]
gravura (f)	kaiverrus	[kɑjʋerruṣ]
busto (m)	rintakuva	[rintakuʋɑ]
escultura (f)	kuvanveisto	[kuʋɑnʋejsto]
estátua (f)	kuvapatsas	[kuʋɑpɑtsɑs]
gesso (m)	kipsi	[kipsi]
em gesso	kipsistä	[kipsistæ]
retrato (m)	muotokuva	[muotokuʋɑ]
autorretrato (m)	omakuva	[omɑkuʋɑ]
paisagem (f)	maisemakuva	[mɑjsemɑkuʋɑ]
natureza (f) morta	asetelma	[ɑsetelmɑ]
caricatura (f)	pilakuva	[pilɑkuʋɑ]
esboço (m)	hahmotelma	[hɑhmotelmɑ]
tinta (f)	väri	[ʋæri]
aguarela (f)	akvarelliväri	[ɑkʋɑrelliʋæri]
óleo (m)	öljyväri	[ølʰyʋæri]
lápis (m)	lyijykynä	[ly:kyɲæ]
tinta da China (f)	tussi	[tussi]
carvão (m)	hiili	[hi:ili]
desenhar (vt)	piirtää	[pi:irtæ:]
pintar (vt)	maalata	[mɑ:lɑtɑ]
posar (vi)	poseerata	[pose:rɑtɑ]
modelo (m)	poseeraaja	[pose:rɑ:jɑ]

modelo (f)	poseeraaja	[poseːrɑːjɑ]
pintor (m)	taiteilija	[tɑjtejlijɑ]
obra (f)	teos	[teos]
obra-prima (f)	mestariteos	[mestariteos]
estúdio (m)	verstas	[ʋerstɑs]

tela (f)	kangas	[kɑŋɑs]
cavalete (m)	maalausteline	[mɑːlɑusteline]
paleta (f)	paletti	[pɑletti]

moldura (f)	kehys	[kehys]
restauração (f)	entistys	[entistys]
restaurar (vt)	entistää	[entistæː]

127. Literatura & Poesia

literatura (f)	kirjallisuus	[kirʰjɑllisuːs]
autor (m)	tekijä	[tekijæ]
pseudónimo (m)	salanimi	[sɑlɑ nimi]

livro (m)	kirja	[kirʰjɑ]
volume (m)	nide	[nide]
índice (m)	sisällysluettelo	[sisællys luettelo]
página (f)	sivu	[siʋu]
protagonista (m)	päähenkilö	[pæːheŋkilø]
autógrafo (m)	nimikirjoitus	[nimi kirʰøjtus]

conto (m)	kertomus	[kertomus]
novela (f)	novelli	[noʋelli]
romance (m)	romaani	[romɑːni]
obra (f)	teos	[teos]
fábula (m)	satu	[sɑtu]
romance (m) policial	salapoliisiromaani	[sɑlɑ poliːisi romɑːni]

poesia (obra)	runo	[runo]
poesia (arte)	runous	[runous]
poema (m)	runoelma	[runoelmɑ]
poeta (m)	runoilija	[runojlijɑ]

ficção (f)	kaunokirjallisuus	[kɑuno kirʰjɑllisuːs]
ficção (f) científica	tieteiskirjallisuus	[tietejs kirʰjɑllisuːs]
aventuras (f pl)	seikkailut	[sejkkɑjlut]
literatura (f) didática	oppikirjallisuus	[oppi kirʰællisuːs]
literatura (f) infantil	lastenkirjallisuus	[lɑsten kirʰjɑllisuːs]

128. Circo

circo (m)	sirkus	[sirkus]
circo (m) ambulante	kiertävä sirkus	[kiertæʋæ sirkus]
programa (m)	ohjelma	[ohʰjelmɑ]
apresentação (f)	esitys	[esitys]
número (m)	numero	[numero]

arena (f)	areena	[are:na]
pantomima (f)	pantomiimi	[pantomi:imi]
palhaço (m)	klovni	[klouni]

acrobata (m)	akrobaatti	[akroba:tti]
acrobacia (f)	voimistelutaito	[uojmistelu tajto]
ginasta (m)	voimistelija	[uojmistelija]
ginástica (f)	voimistelu	[uojmistelu]
salto (m) mortal	hypähdys	[hypæhdys]

homem forte (m)	atleetti	[atle:tti]
domador (m)	kesyttäjä	[kesyttæjæ]
cavaleiro (m) equilibrista	ratsastaja	[ratsastaja]
assistente (m)	avustaja	[auustaja]

truque (m)	trikki	[trikki]
truque (m) de mágica	temppu	[temppu]
mágico (m)	taikuri	[tajkuri]

malabarista (m)	jonglööri	[øŋlø:ri]
fazer malabarismos	jongleerata	[øŋle:rata]
domador (m)	kouluttaja	[kouluttaja]
adestramento (m)	koulutus	[koulutus]
adestrar (vt)	kouluttaa	[koulutta:]

129. Música. Música popular

música (f)	musiikki	[musi:ikki]
músico (m)	muusikko	[mu:sikko]
instrumento (m) musical	soitin	[sojtin]
tocar ...	soittaa	[sojtta:]

guitarra (f)	kitara	[kitara]
violino (m)	viulu	[uiulu]
violoncelo (m)	sello	[sello]
contrabaixo (m)	bassoviulu	[bassouiulu]
harpa (f)	harppu	[harppu]

piano (m)	piano	[piano]
piano (m) de cauda	flyygeli	[fly:geli]
órgão (m)	urut	[urut]

instrumentos (m pl) de sopro	puhallussoitimet	[puhallus sojtimet]
oboé (m)	oboe	[oboj]
saxofone (m)	saksofoni	[saksofoni]
clarinete (m)	klarinetti	[klarinetti]
flauta (f)	huilu	[hujlu]
trompete (m)	torvi	[torui]

| acordeão (m) | pianoharmonikka | [piano harmonikka] |
| tambor (m) | rumpu | [rumpu] |

| duo, dueto (m) | duo | [duo] |
| trio (m) | trio | [trio] |

117

quarteto (m)	kvartetti	[kuɑrtetti]
coro (m)	kuoro	[kuoro]
orquestra (f)	orkesteri	[orkesteri]
música (f) pop	pop musiikki	[pop musi:ikki]
música (f) rock	rokki	[rokki]
grupo (m) de rock	rokkiyhtye	[rokki yhtye]
jazz (m)	jatsi	[jɑtsi]
ídolo (m)	idoli	[idoli]
fã, admirador (m)	ihailija	[ihɑjlijɑ]
concerto (m)	konsertti	[konsertti]
sinfonia (f)	sinfonia	[sinfoniɑ]
composição (f)	sävellys	[sæʋellys]
compor (vt)	säveltää	[sæʋeltæ:]
canto (m)	laulaminen	[lɑuluminen]
canção (f)	laulu	[lɑulu]
melodia (f)	melodia	[melodiɑ]
ritmo (m)	rytmi	[rytmi]
blues (m)	blues	[blyes]
notas (f pl)	nuotit	[nuotit]
batuta (f)	tahtipuikko	[tɑhti pujkko]
arco (m)	jousi	[øusi]
corda (f)	kieli	[kieli]
estojo (m)	kotelo	[kotelo]

Descanso. Entretenimento. Viagens

130. Viagens

turismo (m)	matkailu	[mɑtkɑjlu]
turista (m)	matkailija	[mɑtkɑjlijɑ]
viagem (f)	matka	[mɑtkɑ]
aventura (f)	seikkailu	[sejkkɑjlu]
viagem (f)	matka	[mɑtkɑ]
férias (f pl)	loma	[lomɑ]
estar de férias	olla lomalla	[ollɑ lomɑllɑ]
descanso (m)	lepo	[lepo]
comboio (m)	juna	[junɑ]
de comboio (chegar ~)	junalla	[junɑllɑ]
avião (m)	lentokone	[lentokone]
de avião	lentokoneella	[lentokone:llɑ]
de carro	autolla	[ɑutollɑ]
de navio	laivalla	[lɑjuɑllɑ]
bagagem (f)	matkatavarat	[mɑtkɑtɑuɑrɑt]
mala (f)	matkalaukku	[mɑtkɑlɑukku]
carrinho (m)	matkatavarakärryt	[mɑtkɑtɑuɑrɑt kɔɔrryt]
passaporte (m)	passi	[pɑssi]
visto (m)	viisumi	[ui:isumi]
bilhete (m)	lippu	[lippu]
bilhete (m) de avião	lentolippu	[lentolippu]
guia (m) de viagem	opas	[opɑs]
mapa (m)	kartta	[kɑrttɑ]
local (m), area (f)	seutu	[seutu]
lugar, sítio (m)	paikka	[pɑjkkɑ]
exotismo (m)	eksoottisuus	[ekso:ttisu:s]
exótico	eksoottinen	[ekso:ttinen]
surpreendente	ihmeellinen	[ihme:llinen]
grupo (m)	ryhmä	[ryhmæ]
excursão (f)	retki	[retki]
guia (m)	opas	[opɑs]

131. Hotel

hotel (m)	hotelli	[hotelli]
motel (m)	motelli	[motelli]
três estrelas	kolme tähteä	[kolme tæhteæ]

| cinco estrelas | viisi tähteä | [ʋiːisi tæhteæ] |
| ficar (~ num hotel) | majoittua | [maøjttua] |

quarto (m)	huone	[huone]
quarto (m) individual	yhden hengen huone	[yhden heŋen huone]
quarto (m) duplo	kahden hengen huone	[kahden heŋen huone]
reservar um quarto	varata huone	[ʋarata huone]

| meia pensão (f) | puolihoito | [puolihojto] |
| pensão (f) completa | täysihoito | [tæysihojto] |

com banheira	ammeen kanssa	[ammeːn kanssa]
com duche	suihkun kanssa	[sujhkun kanssa]
televisão (m) satélite	satelliittitelevisio	[satelliːitti teleʋisio]
ar (m) condicionado	ilmastointilaite	[ilmastojntilajte]
toalha (f)	pyyhe	[pyːhe]
chave (f)	avain	[aʋajn]

administrador (m)	vastaanottaja	[ʋastaːnottajæ]
camareira (f)	kerrossiivooja	[kerrossiːʋoːja]
bagageiro (m)	kantaja	[kantaja]
porteiro (m)	vahtimestari	[ʋahti mestari]

restaurante (m)	ravintola	[raʋintola]
bar (m)	baari	[baːri]
pequeno-almoço (m)	aamiainen	[aːmiajnen]
jantar (m)	illallinen	[illallinen]
buffet (m)	noutopöytä	[nouto pøytæ]

| hall (m) de entrada | eteishalli | [etejshalli] |
| elevador (m) | hissi | [hissi] |

| NÃO PERTURBE | ÄLKÄÄ HÄIRITKÖ | [ælkæː ɦæjritkø] |
| PROIBIDO FUMAR! | EI SAA POLTTAA! | [ej saː polttaː] |

132. Livros. Leitura

livro (m)	kirja	[kirʰja]
autor (m)	tekijä	[tekijæ]
escritor (m)	kirjailija	[kirʰjajlija]
escrever (vt)	kirjoittaa	[kirʰojttaː]

leitor (m)	lukija	[lukija]
ler (vt)	lukea	[lukea]
leitura (f)	lukeminen	[lukeminen]

| para si | hiljaa | [hiʎʲaː] |
| em voz alta | ääneen | [æːneːn] |

publicar (vt)	julkaista	[julkajsta]
publicação (f)	julkaisu	[julkajsu]
editor (m)	julkaisija	[julkajsija]
editora (f)	kustantamo	[kustantamo]
sair (vi)	ilmestyä	[ilmestyæ]

lançamento (m)	julkaisu	[julkajsu]
tiragem (f)	painosmäärä	[pajnosmæːræ]
livraria (f)	kirjakauppa	[kirʰja kauppa]
biblioteca (f)	kirjasto	[kirʰjasto]
novela (f)	novelli	[nouelli]
conto (m)	kertomus	[kertomus]
romance (m)	romaani	[romaːni]
romance (m) policial	salapoliisiromaani	[sala poliːisi romaːni]
memórias (f pl)	muistelmat	[mujstelmat]
lenda (f)	tarina	[tarina]
mito (m)	myytti	[myːtti]
poesia (f)	runot	[runot]
autobiografia (f)	omaelämäkerta	[omaeʎæmækerta]
obras (f pl) escolhidas	valitut teokset	[ualitut teokset]
ficção (f) científica	tieteiskirjallisuus	[tietejs kirʰjallisuːs]
título (m)	nimi	[nimi]
introdução (f)	johdanto	[øhdanto]
folha (f) de rosto	nimilehti	[nimilehti]
capítulo (m)	luku	[luku]
excerto (m)	katkelma	[katkelma]
episódio (m)	jakso	[jakso]
tema (m)	juoni	[juoni]
conteúdo (m)	sisältö	[slsælltʉ]
índice (m)	sisällysluettelo	[sisællys luettelo]
protagonista (m)	pääsankari	[pæː saŋkari]
tomo, volume (m)	nide	[nide]
capa (f)	kansi	[kansi]
encadernação (f)	sidonta	[sidonta]
marcador (m) de livro	kirjanmerkki	[kirʰjanmerkki]
página (f)	sivu	[siuu]
folhear (vt)	selailla	[selajlla]
margem (f)	reunat	[reunat]
anotação (f)	merkintä	[merkintæ]
nota (f) de rodapé	huomautus	[huomautus]
texto (m)	teksti	[teksti]
fonte (f)	kirjainlaji	[kirʰjajnlajı]
gralha (f)	painovirhe	[pajnouirhe]
tradução (f)	käännös	[kæːŋøs]
traduzir (vt)	kääntää	[kæːntæː]
original (m)	alkuperäiskappale	[alkuperæjskappale]
famoso	kuulu	[kuːlu]
desconhecido	tuntematon	[tuntematon]
interessante	mielenkiintoinen	[mielen kiːntojnen]
best-seller (m)	menekkiteos	[menekkiteos]

dicionário (m)	sanakirja	[sanakir^hja]
manual (m) escolar	oppikirja	[oppikir^hja]
enciclopédia (f)	tietosanakirja	[tietosanakir^hja]

133. Caça. Pesca

caça (f)	metsästys	[metsæstys]
caçar (vi)	metsästää	[metsæstæ:]
caçador (m)	metsästäjä	[metsæstæjæ]

atirar (vi)	ampua	[ampua]
caçadeira (f)	pyssy	[pyssy]
cartucho (m)	patruuna	[patru:na]
chumbo (m) de caça	haulit	[haulit]

armadilha (f)	raudat	[raudat]
armadilha (com corda)	pyydys	[py:dys]
pôr a armadilha	asettaa raudat	[asetta: raudat]
caçador (m) furtivo	salametsästäjä	[salametsæstæjæ]
caça (f)	riista	[ri:ista]
cão (m) de caça	metsästyskoira	[metsæstyskojra]
safári (m)	safari	[safari]
animal (m) empalhado	täytetty eläin	[tæytetty eʎæjn]

pescador (m)	kalastaja	[kalastaja]
pesca (f)	kalastus	[kalastus]
pescar (vt)	kalastaa	[kalasta:]
cana (f) de pesca	onki	[oŋki]
linha (f) de pesca	siima	[si:ima]
anzol (m)	koukku	[koukku]
boia (f)	koho	[koho]
isca (f)	syötti	[syøtti]

lançar a linha	heittää onki	[hejttæ: oŋki]
morder (vt)	käydä onkeen	[kæydæ oŋke:n]
pesca (f)	saalis	[sa:lis]
buraco (m) no gelo	avanto	[auanto]

rede (f)	verkko	[uerkko]
barco (m)	vene	[uene]
pescar com rede	laskea verkot	[laskea uerkot]
lançar a rede	heittää verkko	[hejttæ: uerkko]
puxar a rede	vetää verkko	[uetæ: uerkko]

baleeiro (m)	valaanpyytäjä	[uala:n py:tæjæ]
baleeira (f)	valaanpyyntialus	[uala:n py:ntialus]
arpão (m)	harppuuna	[harppu:na]

134. Jogos. Bilhar

| bilhar (m) | biljardi | [bil^hjardi] |
| sala (f) de bilhar | biljardisali | [bil^hjardi sali] |

bola (f) de bilhar	biljardipallo	[bilʰjardi pallo]
embolsar uma bola	työntää pallo pussiin	[tyøntæː pallo pussiːin]
taco (m)	biljardikeppi	[bilʰjardi keppi]
bolsa (f)	pussi	[pussi]

135. Jogos. Jogar cartas

ouros (m pl)	ruutu	[ruːtu]
espadas (f pl)	pata	[pata]
copas (f pl)	hertta	[hertta]
paus (m pl)	risti	[risti]

ás (m)	ässä	[æssæ]
rei (m)	kuningas	[kuniŋas]
dama (f)	rouva	[rouʋa]
valete (m)	sotamies	[sotamies]

carta (f) de jogar	kortti	[kortti]
cartas (f pl)	kortit	[kortit]
trunfo (m)	valtti	[ʋaltti]
baralho (m)	pakka	[pakka]

dar, distribuir (vt)	jakaa	[jakaː]
embaralhar (vt)	sekoittaa	[sekojttaː]
vez, jogada (f)	siirto	[siːirto]
batoteiro (m)	korttihuijari	[korttihuijari]

136. Descanso. Jogos. Diversos

passear (vi)	kävellä	[kæʋeʎæ]
passeio (m)	kävely	[kæʋely]
viagem (f) de carro	retki	[retki]
aventura (f)	seikkailu	[sejkkajlu]
piquenique (m)	piknikki	[piknikki]

jogo (m)	peli	[peli]
jogador (m)	pelaaja	[pelaːja]
partida (f)	erä	[eræ]

colecionador (m)	keräilijä	[keræjlijæ]
colecionar (vt)	keräillä	[keræjʎæ]
coleção (f)	kokoelma	[kokoelma]

palavras (f pl) cruzadas	sanaristikko	[sanaristikko]
hipódromo (m)	ravirata	[raʋirata]
discoteca (f)	disko	[disko]

sauna (f)	sauna	[sauna]
lotaria (f)	arpajaiset	[arpajajset]

campismo (m)	retki	[retki]
acampamento (m)	leiri	[lejri]

123

tenda (f)	teltta	[teltta]
bússola (f)	kompassi	[kompassi]
campista (m)	retkeilijä	[retkejlijæ]

ver (vt), assistir à ...	katsoa	[katsoa]
telespectador (m)	television katsoja	[teleuision katsoja]
programa (m) de TV	televisiolähetys	[teleuisio ʎæhetys]

137. Fotografia

máquina (f) fotográfica	kamera	[kamera]
foto, fotografia (f)	valokuva	[ualokuua]

fotógrafo (m)	valokuvaaja	[ualokuua:ja]
estúdio (m) fotográfico	valokuvaamo	[ualokuua:mo]
álbum (m) de fotografias	valokuvakansio	[ualokuuakansio]

objetiva (f)	objektiivi	[objekti:iui]
teleobjetiva (f)	teleobjektiivi	[teleobjekti:iui]
filtro (m)	suodatin	[suodatin]
lente (f)	linssi	[linssi]

ótica (f)	optiikka	[opti:ikka]
abertura (f)	himmennin	[himmeɲin]
exposição (f)	valotus	[ualotus]
visor (m)	tähtäin	[tæhtæjn]

câmara (f) digital	digitaalikamera	[digita:li kamera]
tripé (m)	jalusta	[jalusta]
flash (m)	leimahdus	[lejmahdus]
fotografar (vt)	valokuvata	[ualokuuata]
tirar fotos	kuvata	[kuuata]
fotografar-se	käydä valokuvassa	[kæydæ ualokuuassa]

foco (m)	terävyys	[teræuy:s]
focar (vt)	tarkentaa	[tarkenta:]
nítido	terävä	[teræuæ]
nitidez (f)	terävyys	[teræuy:s]

contraste (m)	kontrasti	[kontrasti]
contrastante	kontrasti-	[kontrasti]

retrato (m)	kuva	[kuua]
negativo (m)	negatiivi	[negati:iui]
filme (m)	filmi	[filmi]
fotograma (m)	otos	[otos]
imprimir (vt)	painaa	[pajna:]

138. Praia. Natação

praia (f)	uimaranta	[ujmaranta]
areia (f)	hiekka	[hiekka]

deserto	aavikko-	[aːʋikko]
bronzeado (m)	rusketus	[rusketus]
bronzear-se (vr)	ottaa aurinkoa	[otta: auriŋkoa]
bronzeado	ruskettunut	[ruskettunut]
protetor (m) solar	aurinkovoide	[auriŋko ʋojde]

biquíni (m)	bikinit	[bikinit]
fato (m) de banho	uimapuku	[ujmapuku]
calção (m) de banho	uimahousut	[ujmahousut]

piscina (f)	uimahalli	[ujmahalli]
nadar (vi)	uida	[ujda]
duche (m)	suihku	[sujhku]
mudar de roupa	vaihtaa vaatteet	[ʋajhta: ʋa:tte:t]
toalha (f)	pyyhe	[py:he]

barco (m)	vene	[ʋene]
lancha (f)	moottorivene	[mo:ttoriʋene]

esqui (m) aquático	vesihiihto	[ʋesi hi:ihto]
barco (m) de pedais	vesipolkupyörä	[ʋesi polkupyøræ]
surf (m)	lainelautailu	[lajnelautajlu]
surfista (m)	lainelautailija	[lajnelautajlija]

scuba (m)	happilaite	[happilajte]
barbatanas (f pl)	räpylät	[ræpyʎæt]
máscara (f)	naamari	[na:mari]
mergulhador (m)	sukeltaja	[sukeltaja]
mergulhar (vi)	sukeltaa	[sukelta:]
debaixo d'água	veden alla	[ʋeden alla]

guarda-sol (m)	sateenvarjo	[sate:nʋarø]
espreguiçadeira (f)	telttatuoli	[telttatuoli]
óculos (m pl) de sol	aurinkolasit	[auriŋkolasit]
colchão (m) de ar	uimapatja	[ujmapatja]

brincar (vi)	leikkiä	[lejkkiæ]
ir nadar	kylpeä	[kylpeæ]

bola (f) de praia	pallo	[pallo]
encher (vt)	puhaltaa täyteen	[puhalta: tæyte:n]
inflável, de ar	ilma-	[ilma]

onda (f)	aalto	[a:lto]
boia (f)	poiju	[poiju]
afogar-se (pessoa)	hukkua	[hukkua]

salvar (vt)	pelastaa	[pelasta:]
colete (m) salva-vidas	pelastusliivi	[pelastusli:iʋi]
observar (vt)	valvoa	[ʋalʋoa]
nadador-salvador (m)	pelastaja	[pelastaja]

EQUIPAMENTO TÉCNICO. TRANSPORTES

Equipamento técnico. Transportes

139. Computador

computador (m)	tietokone	[tietokone]
portátil (m)	kannettava tietokone	[kaɳettaʋɑ tietokone]
ligar (vt)	avata	[aʋɑtɑ]
desligar (vt)	sammuttaa	[sɑmmuttɑ:]
teclado (m)	näppäimistö	[ɲæppæjmistø]
tecla (f)	näppäin	[ɲæppæjn]
rato (m)	hiiri	[hi:iri]
tapete (m) de rato	hiirimatto	[hi:irimɑtto]
botão (m)	näppäin	[ɲæppæjn]
cursor (m)	kursori	[kursori]
monitor (m)	monitori	[monitori]
ecrã (m)	näyttö	[ɲæyttø]
disco (m) rígido	kiintolevy	[ki:intoleʋy]
capacidade (f) do disco rígido	levytila	[leʋytilɑ]
memória (f)	muisti	[mujsti]
memória (f) operativa	työmuisti	[tyømujsti]
ficheiro (m)	tiedosto	[tædosto]
pasta (f)	kansio	[kɑnsio]
abrir (vt)	avata	[aʋɑtɑ]
fechar (vt)	sulkea	[sulkeɑ]
guardar (vt)	tallentaa	[tɑllentɑ:]
apagar, eliminar (vt)	poistaa	[pojstɑ:]
copiar (vt)	kopioida	[kopiojdɑ]
ordenar (vt)	lajitella	[lɑjɪtellɑ]
copiar (vt)	kopioida	[kopiojdɑ]
programa (m)	ohjelma	[ohʰjelmɑ]
software (m)	ohjelmisto	[ohjelmisto]
programador (m)	ohjelmoija	[ohʰjelmojɑ]
programar (vt)	ohjelmoida	[ohʰjelmojdɑ]
hacker (m)	murtaja	[murtɑjɑ]
senha (f)	tunnussana	[tuɳussɑnɑ]
vírus (m)	virus	[ʋirus]
detetar (vt)	löytää	[løytæ:]
byte (m)	tavu	[tɑʋu]

megabyte (m)	megatavu	[megatɑʋu]
dados (m pl)	tiedot	[tædot]
base (f) de dados	tietokanta	[tieto kɑntɑ]

cabo (m)	kaapeli	[kɑ:peli]
desconectar (vt)	kytkeä irti	[kytkeæ irti]
conetar (vt)	yhdistää	[yhdistæ:]

140. Internet. E-mail

internet (f)	netti	[netti]
browser (m)	selain	[selɑjn]
motor (m) de busca	hakupalvelu	[hɑkupɑlʋelu]
provedor (m)	internet-palveluntarjoaja	[internet pɑlʋelun tarʰøɑjɑ]

webmaster (m)	webmaster	[ʋebmɑster]
website, sítio web (m)	nettisivusto	[nettisiʋusto]
página (f) web	nettisivu	[nettisiʋu]

| endereço (m) | osoite | [osojte] |
| livro (m) de endereços | osoitekirja | [osojte kirʰjɑ] |

| caixa (f) de correio | postilaatikko | [postilɑ:tikko] |
| correio (m) | posti | [posti] |

mensagem (f)	viesti	[ʋiesti]
remetente (m)	lähettäjä	[ʎæhettæjæ]
enviar (vt)	lähettää	[ʎæhettɑː]
envio (m)	kirjeen lähetys	[kirʰje:n ʎæhetys]

| destinatário (m) | saaja | [sɑ:jɑ] |
| receber (vt) | saada | [sɑ:dɑ] |

| correspondência (f) | kirjeenvaihto | [kirʰje:n ʋɑjhto] |
| corresponder-se (vr) | olla kirjeenvaihdossa | [ollɑ kirʰje:n ʋɑjhdossɑ] |

ficheiro (m)	tiedosto	[tædosto]
fazer download, baixar	jäljentää	[jæljentæ:]
criar (vt)	luoda	[luodɑ]
apagar, eliminar (vt)	poistaa	[pojstɑ:]
eliminado	poistettu	[pojstettu]

ligação (f)	yhteys	[yhteys]
velocidade (f)	nopeus	[nopeus]
modem (m)	modeemi	[mode:mi]

| acesso (m) | saavutus | [sɑ:ʋutus] |
| porta (f) | portti | [portti] |

| conexão (f) | liittymä | [li:ittymæ] |
| conetar (vi) | liittyä | [li:ittyæ] |

| escolher (vt) | valita | [ʋɑlitɑ] |
| buscar (vt) | etsiä | [etsiæ] |

127

Transportes

141. Avião

avião (m)	lentokone	[lentokone]
bilhete (m) de avião	lentolippu	[lentolippu]
companhia (f) aérea	lentoyhtiö	[lentoyhtiø]
aeroporto (m)	lentoasema	[lentoasema]
supersónico	äänen nopeuden ylittävä	[æ:nen nopeuden ylittæʋæ]
comandante (m) do avião	lentokoneen päällikkö	[lentokone:n pæ:llikkø]
tripulação (f)	miehistö	[mæhisto]
piloto (m)	lentäjä	[lentæjæ]
hospedeira (f) de bordo	lentoemäntä	[lentoemæntæ]
copiloto (m)	perämies	[peræmies]
asas (f pl)	siivet	[si:iʋet]
cauda (f)	pyrstö	[pyrstø]
cabine (f) de pilotagem	hytti	[hytti]
motor (m)	moottori	[mo:ttori]
trem (m) de aterragem	laskuteline	[laskuteline]
turbina (f)	turbiini	[turbi:ini]
hélice (f)	propelli	[propelli]
caixa-preta (f)	musta laatikko	[musta la:tikko]
coluna (f) de controlo	ruoriratas	[ruoriratas]
combustível (m)	polttoaine	[polttoajne]
instruções (f pl) de segurança	ohje	[ohʰje]
máscara (f) de oxigénio	happinaamari	[happina:mari]
uniforme (m)	univormu	[uniʋormu]
colete (m) salva-vidas	pelastusliivi	[pelastusli:iʋi]
paraquedas (m)	laskuvarjo	[lasku ʋarʰø]
descolagem (f)	ilmaannousu	[ilma:ŋousu]
descolar (vi)	nousta ilmaan	[nousta ilma:n]
pista (f) de descolagem	kiitorata	[ki:itorata]
visibilidade (f)	näkyvyys	[nækyʋy:s]
voo (m)	lento	[lento]
altura (f)	korkeus	[korkeus]
poço (m) de ar	ilmakuoppa	[ilmakuoppa]
assento (m)	paikka	[pajkka]
auscultadores (m pl)	kuulokkeet	[ku:lokke:t]
mesa (f) rebatível	kääntöpöytä	[kæ:ntøpøytæ]
vigia (f)	ikkuna	[ikkuna]
passagem (f)	käytävä	[kæytæʋæ]

142. Comboio

comboio (m)	juna	[juna]
comboio (m) suburbano	sähköjuna	[sæhkøjuna]
comboio (m) rápido	pikajuna	[pikajuna]
locomotiva (f) diesel	moottoriveturi	[moːttoriveturi]
comboio (m) a vapor	veturi	[veturi]
carruagem (f)	vaunu	[vaunu]
carruagem restaurante (f)	ravintolavaunu	[ravintola vaunu]
carris (m pl)	ratakiskot	[ratakiskot]
caminho de ferro (m)	rautatie	[rautatie]
travessa (f)	ratapölkky	[ratapølkky]
plataforma (f)	asemalaituri	[asema lajturi]
linha (f)	raide	[rajde]
semáforo (m)	siipiopastin	[siːipi opastin]
estação (f)	asema	[asema]
maquinista (m)	junankuljettaja	[yneŋkuʎættaja]
bagageiro (m)	kantaja	[kantaja]
hospedeiro, -a (da carruagem)	vaununhoitaja	[vaunun hojtaja]
passageiro (m)	matkustaja	[matkustaja]
revisor (m)	tarkastaja	[tarkastaja]
corredor (m)	käytävä	[kæytæuæ]
freio (m) de emergência	hätäjarru	[hæⱡæjarru]
compartimento (m)	vaununosasto	[vaunun osasto]
cama (f)	vuode	[vuode]
cama (f) de cima	ylävuode	[yʎæuuode]
cama (f) de baixo	alavuode	[alavuode]
roupa (f) de cama	vuodevaatteet	[vuodevaːtteːt]
bilhete (m)	lippu	[lippu]
horário (m)	aikataulu	[ajkataulu]
painel (m) de informação	ilmoitustaulu	[ilmojtustaulu]
partir (vt)	lähteä	[ʎæhteæ]
partida (f)	junan lähtö	[junan ʎæhtø]
chegar (vi)	saapua	[saːpua]
chegada (f)	saapuminen	[saːpuminen]
chegar de comboio	tulla junalla	[tulla junalla]
apanhar o comboio	nousta junaan	[nousta junaːn]
sair do comboio	nousta junasta	[nousta junasta]
acidente (m) ferroviário	onnettomuus	[oŋettomuːs]
comboio (m) a vapor	veturi	[veturi]
foguelro (m)	lämmittäjä	[ʎæmmittæjæ]
fornalha (f)	lämmitys	[ʎæmmitys]
carvão (m)	hiili	[hiːili]

143. Barco

navio (m)	laiva	[lɑjʋɑ]
embarcação (f)	alus	[ɑlus]

vapor (m)	höyrylaiva	[højrylɑjʋɑ]
navio (m)	jokilaiva	[økilɑjʋɑ]
transatlântico (m)	risteilijä	[ristejlijæ]
cruzador (m)	risteilijä	[ristejlijæ]

iate (m)	pursi	[pursi]
rebocador (m)	hinausköysi	[hinɑuskøysi]
barcaça (f)	proomu	[proːmu]
ferry (m)	lautta	[lɑuttɑ]

veleiro (m)	purjealus	[purʰjeɑlus]
bergantim (m)	merirosvot	[merirosʋot]

quebra-gelo (m)	jäänmurtaja	[jæːnmurtɑjɑ]
submarino (m)	sukellusvene	[sukellusʋene]

bote, barco (m)	jolla	[øllɑ]
bote, dingue (m)	vene	[ʋene]
bote (m) salva-vidas	pelastusvene	[pelɑstus ʋene]
lancha (f)	moottorivene	[moːttoriʋene]

capitão (m)	kapteeni	[kɑpteːni]
marinheiro (m)	matruusi	[mɑtruːsi]
marujo (m)	merimies	[merimies]
tripulação (f)	miehistö	[mæhisto]

contramestre (m)	pursimies	[pursimies]
grumete (m)	laivapoika	[lɑjʋɑ pojkɑ]
cozinheiro (m) de bordo	kokki	[kokki]
médico (m) de bordo	laivalääkäri	[lɑjʋɑ læːkæri]

convés (m)	kansi	[kɑnsi]
mastro (m)	masto	[mɑsto]
vela (f)	purje	[purʰje]

porão (m)	ruuma	[ruːmɑ]
proa (f)	keula	[keulɑ]
popa (f)	perä	[peræ]
remo (m)	airo	[ɑjro]
hélice (f)	potkuri	[potkuri]

camarote (m)	hytti	[hytti]
sala (f) dos oficiais	upseerimessi	[upseːri messi]
sala (f) das máquinas	konehuone	[konehuone]
ponte (m) de comando	komentosilta	[komentosiltɑ]
sala (f) de comunicações	radiohuone	[rɑdiohuone]
onda (f) de rádio	aalto	[ɑːlto]
diário (m) de bordo	laivapäiväkirja	[lɑjʋɑ pæjʋækirʰjɑ]
luneta (f)	kaukoputki	[kɑukoputki]
sino (m)	kello	[kello]

bandeira (f)	lippu	[lippu]
cabo (m)	köysi	[køysi]
nó (m)	solmu	[solmu]

| corrimão (m) | käsipuu | [kæsipu:] |
| prancha (f) de embarque | portaat | [porta:t] |

âncora (f)	ankkuri	[aŋkkuri]
recolher a âncora	nostaa ankkuri	[nosta: aŋkkuri]
lançar a âncora	heittää ankkuri	[hejttæ: aŋkkuri]
amarra (f)	ankkuriketju	[aŋkkuriketju]

porto (m)	satama	[satama]
cais, amarradouro (m)	laituri	[lajturi]
atracar (vi)	laskea laituriin	[laskea lajturi:in]
desatracar (vi)	irtautua	[irtautua]

viagem (f)	matka	[matka]
cruzeiro (m)	laivamatka	[lajuamatka]
rumo (m), rota (f)	kurssi	[kurssi]
itinerário (m)	reitti	[rejtti]

canal (m) navegável	väylä	[uæyʎæ]
baixio (m)	matalikko	[matalikko]
encalhar (vt)	ajautua matalikolle	[ajautua matalikolle]

tempestade (f)	myrsky	[myrsky]
sinal (m)	merkki	[merkki]
afundar-se (vr)	upota	[upota]
SOS	SOS	[sos]
boia (f) salva-vidas	pelastusrengas	[pelastus reŋas]

144. Aeroporto

aeroporto (m)	lentoasema	[lentoasema]
avião (m)	lentokone	[lentokone]
companhia (f) aérea	lentoyhtiö	[lentoyhtiø]
controlador (m) de tráfego aéreo	valvoja	[ualuoja]

partida (f)	lentoonlähtö	[lento:nʎæhtø]
chegada (f)	tulo	[tulo]
chegar (~ de avião)	lentää	[lentæ:]

| hora (f) de partida | lähtöaika | [ʎæhtø ajka] |
| hora (f) de chegada | saapumisaika | [sa:pumis ajka] |

| estar atrasado | myöhästyä | [myøħæstyæ] |
| atraso (m) de voo | lennon viivytys | [leŋon ui:iuytys] |

painel (m) de informação	tiedotustaulu	[tiedotus taulu]
informação (f)	tiedotus	[tiedotus]
anunciar (vt)	ilmoittaa	[ilmojtta:]
voo (m)	lento	[lento]

131

alfândega (f)	tulli	[tulli]
funcionário (m) da alfândega	tullimies	[tullimies]

declaração (f) alfandegária	tullausilmoitus	[tullaus ilmojtus]
preencher a declaração	täyttää tullausilmoitus	[tæyttæ: tullaus ilmojtus]
controlo (m) de passaportes	passintarkastus	[passin tarkastus]

bagagem (f)	matkatavarat	[matkatauarat]
bagagem (f) de mão	käsimatkatavara	[kæsimatkatauara]
carrinho (m)	matkatavarakärryt	[matkatauarat kærryt]

aterragem (f)	lasku	[lasku]
pista (f) de aterragem	laskurata	[laskurata]
aterrar (vi)	laskeutua	[laskeutua]
escada (f) de avião	portaat	[porta:t]

check-in (m)	rekisteröinti	[rekisterøinti]
balcão (m) do check-in	rekisteröintitiski	[rekisterøinti tiski]
fazer o check-in	ilmoittautua	[ilmojttautua]
cartão (m) de embarque	lippu	[lippu]
porta (f) de embarque	lentokoneen pääsy	[lentokone:n pæ:sy]

trânsito (m)	kauttakulku	[kauttakulku]
esperar (vi, vt)	odottaa	[odotta:]
sala (f) de espera	odotussali	[odotussali]
despedir-se de ...	saattaa	[sa:tta:]
despedir-se (vr)	hyvästellä	[hyuæsteʎæ]

145. Bicicleta. Motocicleta

bicicleta (f)	polkupyörä	[polkupyøræ]
scotter, lambreta (f)	skootteri	[sko:tteri]
mota (f)	moottoripyörä	[mo:ttori pyøræ]

ir de bicicleta	pyöräillä	[pyøræjʎæ]
guiador (m)	ohjaustanko	[ohʰjaus taŋko]
pedal (m)	poljin	[polʰjɪn]
travões (m pl)	jarrut	[jarrut]
selim (m)	satula	[satula]

bomba (f) de ar	pumppu	[pumppu]
porta-bagagens (m)	tavarateline	[tauarateline]
lanterna (f)	lyhty	[lyhty]
capacete (m)	kypärä	[kypæræ]

roda (f)	pyörä	[pyøræ]
guarda-lamas (m)	siipi	[si:ipi]
aro (m)	kehä	[keɦæ]
raio (m)	puola	[puola]

Carros

146. Tipos de carros

carro, automóvel (m)	auto	[auto]
carro (m) desportivo	urheiluauto	[urhejlu auto]
limusine (f)	limusiini	[limousi:ine]
todo o terreno (m)	maastoauto	[ma:sto auto]
descapotável (m)	kabrioletti	[kabrioletti]
minibus (m)	pikkubussi	[pikkubussi]
ambulância (f)	ambulanssi	[ambulanssi]
limpa-neve (m)	lumiaura	[lumiaura]
camião (m)	kuorma-auto	[kuorma auto]
camião-cisterna (m)	bensiinisäiliöauto	[bensi:ini sæjliø auto]
carrinha (f)	kuomuauto	[kuomu auto]
camião-trator (m)	veturi	[ueturi]
atrelado (m)	perävaunu	[peræiuaunu]
confortável	mukava	[mukaua]
usado	käytetty	[kæutetty]

147. Carros. Carroçaria

capô (m)	suojuskoppa	[suojuskoppa]
guarda-lamas (m)	lokasuojat	[lokasuojat]
tejadilho (m)	katto	[katto]
para-brisa (m)	tuulilasi	[tu:lilasi]
espelho (m) retrovisor	taustapeili	[taustapejli]
lavador (m)	tuulilasinpesin	[tu:lilasin pesin]
limpa-para-brisas (m)	tuulilasinpyyhkimet	[tu:lilasin py:hkimet]
vidro (m) lateral	sivulasi	[siuulasi]
elevador (m) do vidro	lasinosturi	[lasinosturi]
antena (f)	antenni	[anteɲi]
teto solar (m)	luukku	[lu:kku]
para-choques (m pl)	puskuri	[puskuri]
bagageira (f)	tavaratila	[tauaratila]
porta (f)	ovi	[oui]
maçaneta (f)	ripa	[ripa]
fechadura (f)	lukko	[lukko]
matrícula (f)	numero	[numero]
silenciador (m)	vaimennin	[uajmeɲɪɲ]

tanque (m) de gasolina	bensiinitankki	[bensi:ini taŋkki]
tubo (m) de escape	pakoputki	[pakoputki]

acelerador (m)	kaasu	[ka:su]
pedal (m)	poljin	[polʰjɪn]
pedal (m) do acelerador	kaasupoljin	[ka:supolʰjɪn]

travão (m)	jarru	[jarru]
pedal (m) do travão	jarrupoljin	[jarrupolʰjɪn]
travar (vt)	jarruttaa	[jarrutta:]
travão (m) de mão	käsijarru	[kæsijarru]

embraiagem (f)	kytkin	[kytkin]
pedal (m) da embraiagem	kytkinpoljin	[kytkin polʰjɪn]
disco (m) de embraiagem	kytkinlevy	[kytkin leʋy]
amortecedor (m)	iskunvaimennin	[iskunʋajmeŋin]

roda (f)	rengas	[reŋas]
pneu (m) sobresselente	vararengas	[ʋarareŋas]
tampão (m) de roda	vanne	[ʋaŋe]

rodas (f pl) motrizes	vetorenkaat	[ʋetoreŋka:t]
de tração dianteira	etuveto-	[etuʋeto]
de tração traseira	takaveto-	[takaʋeto]
de tração às 4 rodas	täysveto-	[tæysʋeto]

caixa (f) de mudanças	vaihdelaatikko	[ʋajhdela:tikko]
automático	automaattinen	[automa:ttinen]
mecânico	mekaaninen	[meka:ninen]
alavanca (f) das mudanças	vaihdetanko	[ʋajhdetaŋko]

farol (m)	etulyhty	[etulyhty]
faróis, luzes	lyhdyt	[lyhdyt]

médios (m pl)	lähivalot	[ʎæhiʋalot]
máximos (m pl)	kaukovalot	[kaukoʋalot]
luzes (f pl) de stop	pysäköintivalo	[pysækøintiʋalo]

mínimos (m pl)	perävalot	[peræʋalot]
luzes (f pl) de emergência	hätävilkut	[hætæʋilkut]
faróis (m pl) antinevoeiro	sumuvalot	[sumuʋalot]
pisca-pisca (m)	kääntymisvalo	[kæ:ntymisʋalo]
luz (f) de marcha atrás	taaksepäin käynti	[ta:ksepæjn kæuntti]

148. Carros. Habitáculo

interior (m) do carro	salonki	[saloŋki]
de couro, de pele	nahka-	[nahka]
de veludo	veluuri-	[ʋelu:ri]
estofos (m pl)	päällys	[pæ:llys]

indicador (m)	koje	[koje]
painel (m) de instrumentos	kojelauta	[kojelauta]
velocímetro (m)	nopeusmittari	[nopeusmittari]

ponteiro (m)	osoitin	[osojtin]
conta-quilómetros (m)	matkamittari	[matkamittari]
sensor (m)	indikaattori	[indika:ttori]
nível (m)	taso	[taso]
luz (f) avisadora	lamppu	[lamppu]

volante (m)	ratti	[ratti]
buzina (f)	torvi	[torʋi]
botão (m)	näppäin	[ɲæppæjn]
interruptor (m)	kytkin	[kytkin]

assento (m)	istuin	[istujn]
costas (f pl) do assento	selkänoja	[selkænoja]
cabeceira (f)	päänalunen	[pæ:n alunen]
cinto (m) de segurança	turvavyö	[turʋaʋyø]
apertar o cinto	kiinnittää turvavyö	[ki:iɲittæ: turʋaʋyø]
regulação (f)	säännöstely	[sæ:ŋøstely]

| airbag (m) | turvatyyny | [turʋa ty:ny] |
| ar (m) condicionado | ilmastointilaite | [ilmastojntilajte] |

rádio (m)	radio	[radio]
leitor (m) de CD	CD-levysoitin	[sede leʋysojtin]
ligar (vt)	avata	[aʋata]
antena (f)	antenni	[anteɲi]
porta-luvas (m)	hylly	[hylly]
cinzeiro (m)	tuhkakuppi	[tuhkakuppi]

149. Carros. Motor

motor (m)	moottori	[mo:ttori]
diesel	diesel-	[dieseʎ]
a gasolina	bensiini-	[bensi:ini]

cilindrada (f)	moottorin tilavuus	[mo:ttorin tilaʋu:s]
potência (f)	teho	[teho]
cavalo-vapor (m)	hevosvoima	[heʋosʋojma]
pistão (m)	mäntä	[mæntæ]
cilindro (m)	sylinteri	[sylinteri]
válvula (f)	läppä	[ʎæppæ]

injetor (m)	injektori	[inʰjektori]
gerador (m)	generaattori	[genera:ttori]
carburador (m)	kaasutin	[ka:sutin]
óleo (m) para motor	koneöljy	[kone ølʰy]

radiador (m)	jäähdytin	[jæ:hdytin]
refrigerante (m)	jäähdytysneste	[jæ:hdytys neste]
ventilador (m)	tuuletin	[tu:letin]

bateria (f)	akku	[akku]
dispositivo (m) de arranque	käynnistin	[kæyɲistin]
ignição (f)	sytytys	[sytytys]
vela (f) de ignição	sytytystulppa	[sytytys tulppa]

borne (m)	liitin	[li:itin]
borne (m) positivo	plus	[plus]
borne (m) negativo	miinus	[mi:inus]
fusível (m)	varoke	[ʋɑroke]

filtro (m) de ar	ilmasuodatin	[ilmɑ suodɑtin]
filtro (m) de óleo	öljysuodatin	[ølʰy suodɑtin]
filtro (m) de combustível	polttoainesuodatin	[polttoɑjne suodɑtin]

150. Carros. Batidas. Reparação

acidente (m) de carro	vaurio	[ʋɑurio]
acidente (m) rodoviário	kolari	[kolɑri]
ir contra ...	törmätä	[tørmætæ]
sofrer um acidente	särkyä	[særkyæ]
danos (m pl)	vaurio	[ʋɑurio]
intato	ehjä	[ehʰjæ]

avariar (vi)	mennä rikki	[menæ rikki]
cabo (m) de reboque	hinausvaijeri	[hinɑus ʋɑijeri]

furo (m)	reikä	[rejkæ]
estar furado	päästää ilma	[pæ:stæ: ilmɑ]
encher (vt)	pumpata	[pumpɑtɑ]
pressão (f)	paine	[pɑjne]
verificar (vt)	tarkastaa	[tɑrkɑstɑ:]

reparação (f)	korjaus	[korʰjɑus]
oficina (f)	korjaamo	[korʰjɑ:mo]
de reparação de carros		
peça (f) sobresselente	varaosa	[ʋɑrɑosɑ]
peça (f)	osa	[osɑ]

parafuso (m)	pultti	[pultti]
parafuso (m)	ruuvi	[ru:ʋi]
porca (f)	mutteri	[mutteri]
anilha (f)	pesin	[pesin]
rolamento (m)	laakeri	[lɑ:keri]

tubo (m)	putki	[putki]
junta (f)	välike	[ʋælike]
fio, cabo (m)	johdin	[øhdin]

macaco (m)	tunkki	[tuŋkki]
chave (f) de boca	ruuviavain	[ru:ʋiɑʋɑjn]
martelo (m)	vasara	[ʋɑsɑrɑ]
bomba (f)	pumppu	[pumppu]
chave (f) de fendas	ruuvitaltta	[ru:ʋitɑltta]

extintor (m)	sammutin	[sɑmmutin]
triângulo (m) de emergência	heijastin	[hejastin]

parar (vi) (motor)	sammua	[sɑmmuɑ]
paragem (f)	sammutus	[sɑmmutus]

estar quebrado	olla rikki	[olla rikki]
superaquecer-se (vr)	kuumeta liikaa	[ku:meta li:ika:]
congelar (vi)	jäätyä	[jæ:tyæ]
rebentar (vi)	haljeta	[halʰjeta]

pressão (f)	paine	[pajne]
nível (m)	taso	[taso]
frouxo	heikko	[hejkko]

mossa (f)	lommo	[lommo]
ruído (m)	kolina	[kolina]
fissura (f)	halkeama	[halkeama]
aranhão (m)	naarmu	[na:rmu]

151. Carros. Estrada

estrada (f)	tie	[tie]
autoestrada (f)	liikennetie	[li:ikeɳetie]
rodovia (f)	maantie	[ma:ntie]
direção (f)	suunta	[su:nta]
distância (f)	välimatka	[uælimatka]

ponte (f)	silta	[silta]
parque (m) de estacionamento	parkkipaikka	[parkki pajkka]
praça (f)	aukio	[aukio]
nó (m) rodoviário	liittymä	[li:ittymæ]
túnel (m)	tunnell	[tuɳeli]

posto (m) de gasolina	bensiiniasema	[bensi:ini asema]
parque (m) de estacionamento	parkkipaikka	[parkki pajkka]
bomba (f) de gasolina	bensiinipumppu	[bensi:ini pumppu]
oficina (f) de reparação de carros	autotalli	[autotalli]
abastecer (vi)	tankata	[taɳkata]
combustível (m)	polttoaine	[polttoajne]
bidão (m) de gasolina	kanisteri	[kanisteri]

asfalto (m)	asfaltti	[asfaltti]
marcação (f) de estradas	merkintä	[merkintæ]
lancil (m)	reunakiveys	[reunakiueus]
proteção (f) guard-rail	suojakaide	[suojakajde]
valeta (f)	oja	[oja]
berma (f) da estrada	piennar	[pæɳar]
poste (m) de luz	pylväs	[pyluæs]

conduzir, guiar (vt)	ajaa	[aja:]
virar (ex. ~ à direita)	kääntää	[kæ:ntæ:]
dar retorno	tehdä u-käännös	[tehdæ u:kæ:ɳøs]
marcha-atrás (f)	peruutus	[peru:tus]

buzinar (vi)	antaa äänimerkki	[anta: æ:nimerkki]
buzina (f)	äänimerkki	[æ:nimerkki]
atolar-se (vr)	juuttua	[ju:ttua]
patinar (na lama)	jumiutua	[jumiutua]

desligar (vt)	sammuttaa	[sammutta:]
velocidade (f)	nopeus	[nopeus]
exceder a velocidade	ajaa ylinopeutta	[aja: ylinopeutta]
multar (vt)	sakottaa	[sakotta:]
semáforo (m)	liikennevalot	[li:ikeɲeualot]
carta (f) de condução	ajokortti	[aøkortti]

passagem (f) de nível	ylitys	[ylitys]
cruzamento (m)	risteys	[risteys]
passadeira (f)	suojatie	[suojatæ]
curva (f)	mutka	[mutka]
zona (f) pedonal	liikenteeltä suljettu alue	[li:ikente:ltæ sulʰjettu alue]

PESSOAS. EVENTOS

Eventos

152. Férias. Evento

festa (f)	juhla	[juhla]
festa (f) nacional	kansallisjuhla	[kansallis juhla]
feriado (m)	juhlapäivä	[juhlapæjʋæ]
festejar (vt)	juhlia	[juhlia]
evento (festa, etc.)	tapahtuma	[tapahtuma]
evento (banquete, etc.)	tilaisuus	[tilajsu:s]
banquete (m)	banketti	[baŋketti]
receção (f)	vastaanotto	[ʋasta:notto]
festim (m)	pidot	[pidot]
aniversário (m)	vuosipäivä	[ʋuosipæjʋæ]
jubileu (m)	vuosipäivä	[ʋuosipæjʋæ]
celebrar (vt)	pitää	[pitæ:]
Ano (m) Novo	Uusivuosi	[u:siʋuosi]
Feliz Ano Novo!	Hyvää uutta vuotta!	[hyʋæ: u:tta ʋuotta]
Natal (m)	Joulu	[øulu]
Feliz Natal!	Hyvää joulua!	[hyʋæ: øulua]
árvore (f) de Natal	joulukuusi	[øuluku:si]
fogo (m) de artifício	ilotulitus	[ilotulitus]
boda (f)	häät	[hæ:t]
noivo (m)	sulhanen	[sulhanen]
noiva (f)	morsian	[morsian]
convidar (vt)	kutsua	[kutsua]
convite (m)	kutsu	[kutsu]
convidado (m)	vieras	[ʋieras]
visitar (vt)	käydä kylässä	[ka:yda: kyla:ssa:]
receber os hóspedes	ottaa vieraita vastaan	[otta: ʋierajta ʋasta:n]
presente (m)	lahja	[lahʰja]
oferecer (vt)	lahjoittaa	[lahʰøjtta:]
receber presentes	saada lahjat	[sa:da lahʰjat]
ramo (m) de flores	kukkakimppu	[kukkakimppu]
felicitações (f pl)	onnittelu	[oɲittelu]
felicitar (dar os parabéns)	onnitella	[oɲitella]
cartão (m) de parabéns	onnittelukortti	[oɲittelukortti]
enviar um postal	lähettää kortti	[ʎæhettæ: kortti]

receber um postal	saada kortti	[saːda kortti]
brinde (m)	maljapuhe	[malʰjapuhe]
oferecer (vt)	kestitä	[kestitæ]
champanhe (m)	samppanja	[samppanʰja]

divertir-se (vr)	huvitella	[huʋitella]
diversão (f)	ilo, hilpeys	[ilo], [hilbeus]
alegria (f)	ilo	[ilo]

dança (f)	tanssi	[tanssi]
dançar (vi)	tanssia	[tanssia]

valsa (f)	valssi	[ʋalssi]
tango (m)	tango	[taŋo]

153. Funerais. Enterro

cemitério (m)	hautausmaa	[hautausmaː]
sepultura (f), túmulo (m)	hauta	[hauta]
cruz (f)	risti	[risti]
lápide (f)	hautamuistomerkki	[hautamujsto merkki]
cerca (f)	aita	[ajta]
capela (f)	kappeli	[kappeli]

morte (f)	kuolema	[kuolema]
morrer (vi)	kuolla	[kuolla]
defunto (m)	vainaja	[ʋajnaja]
luto (m)	suru	[suru]

enterrar, sepultar (vt)	haudata	[haudata]
agência (f) funerária	hautaustoimisto	[hautaus tojmisto]
funeral (m)	hautajaiset	[hautajajset]

coroa (f) de flores	seppele	[seppele]
caixão (m)	ruumisarkku	[ruːmisarkku]
carro (m) funerário	ruumisvaunut	[ruːmisʋaunut]
mortalha (f)	kuolinvaate	[kuolinʋaːte]

urna (f) funerária	uurna	[uːrna]
crematório (m)	krematorio	[krematorio]

obituário (m), necrologia (f)	muistokirjoitus	[mujstokirʰøjtus]
chorar (vi)	itkeä	[itkeæ]
soluçar (vi)	nyyhkyttää	[nyːhkyttæː]

154. Guerra. Soldados

pelotão (m)	joukkue	[øukkue]
companhia (f)	komppania	[komppania]
regimento (m)	rykmentti	[rykmentti]
exército (m)	armeija	[aːrmeja]
divisão (f)	divisioona	[diʋisioːna]

destacamento (m)	joukko	[øukko]
hoste (f)	armeija	[ɑːrmejɑ]

soldado (m)	sotilas	[sotilas]
oficial (m)	upseeri	[upseːri]

soldado (m) raso	rivimies	[riʋimies]
sargento (m)	kersantti	[kersɑntti]
tenente (m)	luutnantti	[luːtnɑntti]
capitão (m)	kapteeni	[kɑpteːni]
major (m)	majuri	[mɑjuri]
coronel (m)	eversti	[eʋersti]
general (m)	kenraali	[kenrɑːli]

marujo (m)	merimies	[merimies]
capitão (m)	kapteeni	[kɑpteːni]
contramestre (m)	pursimies	[pursimies]

artilheiro (m)	tykkimies	[tykkimies]
soldado (m) paraquedista	desantti	[desɑntti]
piloto (m)	lentäjä	[lentæjæ]
navegador (m)	perämies	[peræmies]
mecânico (m)	konemestari	[konemestɑri]

sapador (m)	pioneeri	[pioneːri]
paraquedista (m)	laskuvarjohyppääjä	[lɑskuʋɑrʰøhyppæːjæ]
explorador (m)	tiedustelija	[tiedustelijɑ]
franco-atirador (m)	tarkka-ampuja	[tɑrkkɑ ɑmpujɑ]

patrulha (f)	partio	[pɑrtio]
patrulhar (vt)	partioida	[pɑrtiojdɑ]
sentinela (f)	vartiomies	[ʋɑrtiomies]

guerreiro (m)	soturi	[soturi]
patriota (m)	isänmaanystävä	[isænmɑːnystæʋæ]
herói (m)	sankari	[sɑŋkɑri]
heroína (f)	sankaritar	[sɑŋkɑritɑr]

traidor (m)	petturi	[petturi]
desertor (m)	karkuri	[kɑrkuri]
desertar (vt)	karata	[kɑrɑtɑ]

mercenário (m)	palkkasoturi	[pɑlkkɑsoturi]
recruta (m)	alokas	[ɑlokɑs]
voluntário (m)	vapaaehtoinen	[ʋɑpɑː ehtojnen]

morto (m)	kaatunut	[kɑːtunut]
ferido (m)	haavoittunut	[hɑːʋojttunut]
prisioneiro (m) de guerra	vanki	[ʋɑŋki]

155. Guerra. Ações militares. Parte 1

guerra (f)	sota	[sotɑ]
guerrear (vt)	sotia	[sotiɑ]

guerra (f) civil	kansalaissota	[kansalajs sota]
perfidamente	petollisesti	[petollisesti]
declaração (f) de guerra	julistus	[julistus]
declarar (vt) guerra	julistaa	[julista:]
agressão (f)	vihaisuus	[vihajsu:s]
atacar (vt)	hyökätä	[hyøkætæ]
invadir (vt)	vallata	[vallata]
invasor (m)	valloittaja	[vallojttaja]
conquistador (m)	valloittaja	[vallojttaja]
defesa (f)	puolustus	[puolustus]
defender (vt)	puolustaa	[puolusta:]
defender-se (vr)	puolustautua	[puolustautua]
inimigo (m)	vihollinen	[vihollinen]
adversário (m)	vastustaja	[vastustaja]
inimigo	vihollisen	[vihollisen]
estratégia (f)	strategia	[strategia]
tática (f)	taktiikka	[takti:ikka]
ordem (f)	käsky	[kæsky]
comando (m)	komento	[komento]
ordenar (vt)	käskeä	[kæskeæ]
missão (f)	tehtävä	[tehtævæ]
secreto	salainen	[salajnen]
batalha (f), combate (m)	taistelu	[tajstelu]
ataque (m)	hyökkäys	[hyøkkæys]
assalto (m)	rynnäkkö	[ryŋækkø]
assaltar (vt)	rynnätä	[ryŋætæ]
assédio, sítio (m)	piiritys	[pi:iritys]
ofensiva (f)	hyökkäys	[hyøkkæys]
passar à ofensiva	hyökätä	[hyøkætæ]
retirada (f)	perääntyminen	[peræ:ntyminen]
retirar-se (vr)	perääntyä	[peræ:ntyæ]
cerco (m)	saarto	[sa:rto]
cercar (vt)	saarrostaa	[sa:rrosta:]
bombardeio (m)	pommitus	[pommitus]
lançar uma bomba	heittää pommi	[hejttæ: pommi]
bombardear (vt)	pommittaa	[pommitta:]
explosão (f)	räjähdys	[ræjæhdys]
tiro (m)	laukaus	[laukaus]
disparar um tiro	laukaista	[laukajsta]
tiroteio (m)	ammunta	[ammunta]
apontar para ...	tähdätä	[tæhdætæ]
apontar (vt)	suunnata	[su:ŋata]
acertar (vt)	osua	[osua]
afundar (um navio)	upottaa	[upotta:]

brecha (f)	aukko	[aukko]
afundar (vi)	painua pohjaan	[pajnua poh^jja:n]
frente (m)	rintama	[rintama]
evacuação (f)	evakuointi	[euakuojnti]
evacuar (vt)	evakuoida	[euakuojda]
trincheira (f)	taisteluhauta	[tajsteluhauta]
arame (m) farpado	piikkilanka	[pi:ikkilaŋka]
obstáculo (m) anticarro	este	[este]
torre (f) de vigia	torni	[torni]
hospital (m)	sotilassairaala	[sotilas sajra:la]
ferir (vt)	haavoittaa	[ha:uojtta:]
ferida (f)	haava	[ha:ua]
ferido (m)	haavoittunut	[ha:uojttunut]
ficar ferido	haavoittua	[ha:uojttua]
grave (ferida ~)	vaikea	[uajkea]

156. Armas

arma (f)	ase	[ase]
arma (f) de fogo	ampuma-ase	[ampuma ase]
arma (f) branca	teräase	[teræase]
arma (f) química	kemiallinen ase	[kemiallinen ase]
nuclear	ydin-	[ydin]
arma (f) nuclear	ydinase	[ydinase]
bomba (f)	pommi	[pommi]
bomba (f) atómica	ydinpommi	[ydinpommi]
pistola (f)	pistooli	[pisto:li]
caçadeira (f)	pyssy	[pyssy]
pistola-metralhadora (f)	konepistooli	[konepisto:li]
metralhadora (f)	konekivääri	[konekiuæ:ri]
boca (f)	suu	[su:]
cano (m)	piippu	[pi:ippu]
calibre (m)	kaliiperi	[kali:iperi]
gatilho (m)	hana	[hana]
mira (f)	tähtäin	[tæhtæjn]
carregador (m)	lipas	[lipas]
coronha (f)	perä	[peræ]
granada (f) de mão	kranaatti	[krana:tti]
explosivo (m)	räjähdysaine	[ræjæhdysajne]
bala (f)	luoti	[luoti]
cartucho (m)	patruuna	[patru:na]
carga (f)	lataus	[lataus]
munições (f pl)	ampumatarvikkeet	[ampuma taruikke:t]
bombardeiro (m)	pommikone	[pommikone]

| avião (m) de caça | hävittäjä | [hæʋittæjæ] |
| helicóptero (m) | helikopteri | [helikopteri] |

canhão (m) antiaéreo	ilmatorjuntatykki	[ilmatorʰjunta tykki]
tanque (m)	panssarivaunu	[panssariʋaunu]
canhão (de um tanque)	tykki	[tykki]

artilharia (f)	tykistö	[tykistø]
canhão (m)	tykki	[tykki]
fazer a pontaria	suunnata	[su:ŋata]

obus (m)	ammus	[ammus]
granada (f) de morteiro	kranaatti	[krana:tti]
morteiro (m)	kranaatinheitin	[krana:tinhejtin]
estilhaço (m)	sirpale	[sirpale]

submarino (m)	sukellusvene	[sukellusʋene]
torpedo (m)	torpedo	[torpedo]
míssil (m)	raketti	[raketti]

carregar (uma arma)	ladata	[ladata]
atirar, disparar (vi)	ampua	[ampua]
apontar para ...	tähdätä	[tæhdætæ]
baioneta (f)	pistin	[pistin]

espada (f)	miekka	[miekka]
sabre (m)	sapeli	[sapeli]
lança (f)	keihäs	[kejhæs]
arco (m)	jousi	[øusi]
flecha (f)	nuoli	[nuoli]
mosquete (m)	musketti	[musketti]
besta (f)	jalkajousi	[jalkaøusi]

157. Povos da antiguidade

primitivo	alkukantainen	[alkukantajnen]
pré-histórico	esihistoriallinen	[esihistoriallinen]
antigo	muinainen	[mujnajnen]

Idade (f) da Pedra	kivikausi	[kiʋikausi]
Idade (f) do Bronze	pronssikausi	[pronssikausi]
período (m) glacial	jääkausi	[jæ:kausi]

tribo (f)	heimo	[hejmo]
canibal (m)	ihmissyöjä	[ihmissyøjæ]
caçador (m)	metsästäjä	[metsæstæjæ]
caçar (vi)	metsästää	[metsæstæ:]
mamute (m)	mammutti	[mammutti]

caverna (f)	luola	[luola]
fogo (m)	tuli	[tuli]
fogueira (f)	nuotio	[nuotio]
pintura (f) rupestre	kalliopiirros	[kalliopi:rros]
ferramenta (f)	työväline	[tyøʋæline]

lança (f)	keihäs	[kejhæs]
machado (m) de pedra	kivikirves	[kiʋikirʋes]
guerrear (vt)	sotia	[sotia]
domesticar (vt)	kesyttää	[kesyttæ:]

ídolo (m)	epäjumala	[epæjumala]
adorar, venerar (vt)	palvoa	[palʋoa]
superstição (f)	taikausko	[tajkausko]

evolução (f)	evoluutio	[eʋolu:tio]
desenvolvimento (m)	kehitys	[kehitys]
desaparecimento (m)	katoaminen	[katoaminen]
adaptar-se (vr)	sopeutua	[sopeutua]

arqueologia (f)	arkeologia	[arkeologia]
arqueólogo (m)	arkeologi	[arkeologi]
arqueológico	muinaistieteellinen	[mujnajs tiete:llinen]

local (m) das escavações	kaivaukset	[kajʋaukset]
escavações (f pl)	kaivaukset	[kajʋaukset]
achado (m)	löytö	[løytø]
fragmento (m)	katkelma	[katkelma]

158. Idade média

povo (m)	kansa	[kansa]
povos (m pl)	kansat	[kansat]
tribo (f)	heimo	[hejmo]
tribos (f pl)	heimot	[hejmot]

bárbaros (m pl)	barbaarit	[barba:rit]
gauleses (m pl)	gallialaiset	[gallialajset]
godos (m pl)	gootit	[go:tit]
eslavos (m pl)	slaavit	[sla:ʋit]
víquingues (m pl)	viikingit	[ʋi:ikiŋit]

romanos (m pl)	roomalaiset	[ro:malajset]
romano	roomalainen	[ro:malajnen]

bizantinos (m pl)	bysanttilaiset	[bysanttilajset]
Bizâncio	Bysantti	[bysantti]
bizantino	bysanttilainen	[bysanttilajnen]

imperador (m)	keisari	[kejsari]
líder (m)	päällikkö	[pæ:likkø]
poderoso	voimakas	[ʋojmakas]
rei (m)	kuningas	[kuniŋas]
governante (m)	hallitsija	[hallitsija]

cavaleiro (m)	ritari	[ritari]
senhor feudal (m)	feodaaliherra	[feoda:li herra]
feudal	feodaali-	[feoda:li]
vassalo (m)	vasalli	[ʋasalli]
duque (m)	herttua	[herttua]

conde (m)	kreivi	[krejʋi]
barão (m)	paroni	[paroni]
bispo (m)	piispa	[piːispa]
armadura (f)	rautavaateet	[rautaʋaːtteːt]
escudo (m)	kilpi	[kilpi]
espada (f)	miekka	[miekka]
viseira (f)	visiiri	[ʋisiːiri]
cota (f) de malha	teräspaita	[teræspajta]
cruzada (f)	ristiretki	[ristiretki]
cruzado (m)	ristiretkeläinen	[ristiretkeʎæjnen]
território (m)	alue	[alue]
atacar (vt)	hyökätä	[hyøkætæ]
conquistar (vt)	valloittaa	[ʋallojttaː]
ocupar, invadir (vt)	siepata	[siepata]
assédio, sítio (m)	piiritys	[piːiritys]
sitiado	piiritetty	[piːiritetty]
assediar, sitiar (vt)	piirittää	[piːirittæː]
inquisição (f)	inkvisitio	[iŋkʋisitio]
inquisidor (m)	inkvisiittori	[iŋkʋisiːittori]
tortura (f)	kidutus	[kidutus]
cruel	julma	[julma]
herege (m)	harhaoppinen	[harhaoppinen]
heresia (f)	harhaoppi	[harhaoppi]
navegação (f) marítima	merenkulku	[mereŋkulku]
pirata (m)	merirosvo	[merirosʋo]
pirataria (f)	merirosvous	[merirosʋous]
abordagem (f)	hyökkäys	[hyøkkæys]
saque (m), pulhagem (f)	saalis	[saːlis]
tesouros (m pl)	aarteet	[aːrteːt]
descobrimento (m)	avaus	[aʋaus]
descobrir (novas terras)	avata	[aʋata]
expedição (f)	retki	[retki]
mosqueteiro (m)	muskettisoturi	[muskettisoturi]
cardeal (m)	kardinaali	[kardinaːli]
heráldica (f)	heraldiikka	[heraldiːikka]
heráldico	heraldinen	[heraldinen]

159. Líder. Chefe. Autoridades

rei (m)	kuningas	[kuniŋas]
rainha (f)	kuningatar	[kuniŋatar]
real	kuningas-	[kuniŋas]
reino (m)	kuningaskunta	[kuniŋaskunta]
príncipe (m)	prinssi	[prinssi]
princesa (f)	prinsessa	[prinsessa]

presidente (m)	presidentti	[presidentti]
vice-presidente (m)	varapresidentti	[ʋara presidentti]
senador (m)	senaattori	[sena:ttori]

monarca (m)	monarkki	[monarkki]
governante (m)	hallitsija	[hallitsija]
ditador (m)	diktaattori	[dikta:ttori]
tirano (m)	tyranni	[tyraɲi]
magnata (m)	magnaatti	[magna:tti]

diretor (m)	johtaja	[øhtaja]
chefe (m)	esimies	[esimies]
dirigente (m)	johtaja	[øhtaja]
patrão (m)	pomo	[pomo]
dono (m)	omistaja	[omistaja]

líder, chefe (m)	johtaja	[øhtaja]
chefe (~ de delegação)	johtaja	[øhtaja]
autoridades (f pl)	viranomaiset	[ʋiranomajset]
superiores (m pl)	päällystö	[pæ:llystø]

governador (m)	kuvernööri	[kuʋernø:ri]
cônsul (m)	konsuli	[konsuli]
diplomata (m)	diplomaatti	[diploma:tti]
prefeito (m)	kaupunginjohtaja	[kaupuɲin øhtaja]
xerife (m)	seriffi	[seriffi]

imperador (m)	keisari	[kejsari]
czar (m)	tsaari	[tsɑ:ri]
faraó (m)	farao	[farao]
cã (m)	kaani	[ka:ni]

160. Viloação da lei. Criminosos. Parte 1

bandido (m)	rosvo	[rosʋo]
crime (m)	rikos	[rikos]
criminoso (m)	rikollinen	[rikollinen]

ladrão (m)	varas	[ʋaras]
roubar (vt)	varastella	[ʋarastella]
furto, roubo (m)	varkaus	[ʋarkaus]

raptar (ex. ~ uma criança)	ryöstää ihmisen	[ryøstæ: ihmisen]
rapto (m)	ihmisryöstö	[ihmisryøstø]
raptor (m)	ihmisryöstäjä	[ihmisryøstæjæ]

resgate (m)	lunastus	[lunastus]
pedir resgate	vaatia lunastus	[ʋa:tia lunastus]

roubar (vt)	ryöstää	[ryøstæ:]
assalto, roubo (m)	ryöstö	[ryøstø]
assaltante (m)	ryöstäjä	[ryøstæjæ]
extorquir (vt)	kiristää	[kiristæ:]
extorsionário (m)	kiristäjä	[kiristæjæ]

147

extorsão (f)	kiristys	[kiristys]
matar, assassinar (vt)	murhata	[murhata]
homicídio (m)	murha	[murha]
homicida, assassino (m)	murhaaja	[murha:ja]

tiro (m)	laukaus	[laukaus]
dar um tiro	laukaista	[laukajsta]
matar a tiro	ampua	[ampua]
atirar, disparar (vi)	ampua	[ampua]
tiroteio (m)	ammunta	[ammunta]

acontecimento (m)	tapahtuma	[tapahtuma]
porrada (f)	tappelu	[tappelu]
vítima (f)	uhri	[uhri]

danificar (vt)	vaurioittaa	[vauriojtta:]
dano (m)	vahinko	[vahiŋko]
cadáver (m)	ruumis	[ru:mis]
grave	törkeä	[tørkeæ]

atacar (vt)	hyökätä	[hyøkætæ]
bater (espancar)	lyödä	[lyødæ]
espancar (vt)	piestä	[piestæ]
tirar, roubar (dinheiro)	ottaa pois	[otta: pojs]
esfaquear (vt)	teurastaa	[teurasta:]
mutilar (vt)	runnella	[ruŋella]
ferir (vt)	haavoittaa	[ha:vojtta:]

chantagem (f)	kiristys	[kiristys]
chantagear (vt)	kiristää	[kiristæ:]
chantagista (m)	kiristäjä	[kiristæjæ]

extorsão (em troca de proteção)	kiristys	[kiristys]
extorsionário (m)	kiristäjä	[kiristæjæ]
gângster (m)	gangsteri	[gaŋsteri]
máfia (f)	mafia	[mafia]

carteirista (m)	taskuvaras	[taskuvaras]
assaltante, ladrão (m)	murtovaras	[murtovaras]

contrabando (m)	salakuljetus	[salakulʰjetus]
contrabandista (m)	salakuljettaja	[salakulʰjettaja]

falsificação (f)	väärennös	[væ:reŋøs]
falsificar (vt)	väärentää	[væ:rentæ:]
falsificado	väärennetty	[væ:reŋetty]

161. Viloação da lei. Criminosos. Parte 2

violação (f)	raiskaus	[rajskaus]
violar (vt)	raiskata	[rajskata]
violador (m)	raiskaaja	[rajska:ja]
maníaco (m)	maanikko	[ma:nikko]

prostituta (f)	prostituoitu	[prostituojtu]
prostituição (f)	prostituutio	[prostitu:tio]
chulo (m)	sutenööri	[sutenø:ri]
toxicodependente (m)	narkomaani	[narkoma:ni]
traficante (m)	huumekauppias	[hu:me kauppias]
explodir (vt)	räjäyttää	[ræjæyttæ:]
explosão (f)	räjähdys	[ræjæhdys]
incendiar (vt)	sytyttää	[sytyttæ:]
incendiário (m)	palon sytyttäjä	[palon sytyttæjæ]
terrorismo (m)	terrorismi	[terrorismi]
terrorista (m)	terroristi	[terroristi]
refém (m)	panttivanki	[pantti vaŋki]
enganar (vt)	pettää	[pettæ:]
engano (m)	petos	[petos]
vigarista (m)	huijari	[huijari]
subornar (vt)	lahjoa	[lahʰøa]
suborno (atividade)	lahjonta	[lahʰønta]
suborno (dinheiro)	lahjus	[lahʰjus]
veneno (m)	myrkky	[myrkky]
envenenar (vt)	myrkyttää	[myrkyttæ:]
envenenar-se (vr)	myrkyttää itsensä	[myrkyttæ: itsensa]
suicídio (m)	itsemurha	[itsemurha]
suicida (m)	itsemurhaaja	[itsemurha:ja]
ameaçar (vt)	uhata	[uhata]
ameaça (f)	uhkaus	[uhkaus]
atentar contra a vida de ...	tehdä murhayritys	[tehdæ murhayritys]
atentado (m)	murhayritys	[murhayritys]
roubar (o carro)	viedä	[uiedæ]
desviar (o avião)	kaapata	[ka:pata]
vingança (f)	kosto	[kosto]
vingar (vt)	kostaa	[kosta:]
torturar (vt)	kiduttaa	[kidutta:]
tortura (f)	kidutus	[kidutus]
atormentar (vt)	piinata	[pi:inata]
pirata (m)	merirosvo	[merirosuo]
desordeiro (m)	huligaani	[huliga:ni]
armado	aseellinen	[ase:llinen]
violência (f)	väkivalta	[uækivalta]
espionagem (f)	vakoilu	[uakojlu]
espionar (vi)	vakoilla	[uakojlla]

162. Polícia. Lei. Parte 1

justiça (f)	oikeudenmukaisuus	[ojkeudenmukajsu:s]
tribunal (m)	oikeus	[ojkeus]
juiz (m)	tuomari	[tuomari]
jurados (m pl)	valamiehistö	[ʋalamiehistø]
tribunal (m) do júri	valamiesoikeus	[ʋalamiesojkeus]
julgar (vt)	käsitellä oikeudessa	[kæsiteʎæ ojkeudessa]
advogado (m)	asianajaja	[asianajaja]
réu (m)	syytetty	[sy:tetty]
banco (m) dos réus	syytettyjen penkki	[sy:tettyjen peŋkki]
acusação (f)	syyte	[sy:te]
acusado (m)	syytetty	[sy:tetty]
sentença (f)	tuomio	[tuomio]
sentenciar (vt)	tuomita	[tuomita]
culpado (m)	syypää	[sy:pæ:]
punir (vt)	rangaista	[raŋajsta]
punição (f)	rangaistus	[raŋajstus]
multa (f)	sakko	[sakko]
prisão (f) perpétua	elinkautinen vankeustuomio	[eliŋkautinen ʋaŋkeustuomio]
pena (f) de morte	kuolemanrangaistus	[kuoleman raŋajstus]
cadeira (f) elétrica	sähkötuoli	[sæhkøtuoli]
forca (f)	hirsipuu	[hirsipu:]
executar (vt)	teloittaa	[telojtta:]
execução (f)	teloitus	[telojtus]
prisão (f)	vankila	[ʋaŋkila]
cela (f) de prisão	selli	[selli]
escolta (f)	saattovartio	[sa:ttoʋartio]
guarda (m) prisional	valvoja	[ʋalʋoja]
preso (m)	vanki	[ʋaŋki]
algemas (f pl)	käsiraudat	[kæsiraudat]
algemar (vt)	panna käsiraudat	[paŋa kæsiraudat]
fuga, evasão (f)	karkaus	[karkaus]
fugir (vi)	karata	[karata]
desaparecer (vi)	kadota	[kadota]
soltar, libertar (vt)	päästää vapaaksi	[pæ:stæ: ʋapa:ksi]
amnistia (f)	armahdus	[armahdus]
polícia (instituição)	poliisi	[poli:isi]
polícia (m)	poliisi	[poli:isi]
esquadra (f) de polícia	poliisiasema	[poli:isi asema]
cassetete (m)	kumipamppu	[kumipamppu]
megafone (m)	megafoni	[megafoni]

150

carro (m) de patrulha	vartioauto	[ʋartio auto]
sirene (f)	sireeni	[sire:ni]
ligar a sirene	käynnistää sireeni	[kæyɲistæ: sire:ni]
toque (m) da sirene	sireenin ulvonta	[sire:nin ulʋonta]

cena (f) do crime	tapahtumapaikka	[tapahtuma pajkka]
testemunha (f)	todistaja	[todistaja]
liberdade (f)	vapaus	[ʋapaus]
cúmplice (m)	rikoskumppani	[rikos kumppani]
escapar (vi)	piileksiä	[pi:ileksiæ]
traço (não deixar ~s)	jälki	[jælki]

163. Polícia. Lei. Parte 2

procura (f)	etsintä	[etsintæ]
procurar (vt)	etsiä	[etsiæ]
suspeita (f)	epäily	[epæjly]
suspeito	epäilyttävä	[epæjlyttæuæ]
parar (vt)	pysäyttää	[pysæyttæ:]
deter (vt)	pidättää	[pidættæ:]

caso (criminal)	asia	[asia]
investigação (f)	tutkinta	[tutkinta]
detetive (m)	etsivä	[etsiuæ]
investigador (m)	rikostutkija	[rikos tutkija]
versão (f)	versio	[ʋersio]

motivo (m)	syy	[sy:]
interrogatório (m)	kuulustelu	[ku:lustelu]
interrogar (vt)	kuulustella	[ku:lustella]
questionar (vt)	kuulustella	[ku:lustella]
verificação (f)	tarkastus	[tarkastus]

rusga (f)	ratsia	[ratsia]
busca (f)	etsintä	[etsintæ]
perseguição (f)	takaa-ajo	[taka: aø]
perseguir (vt)	takaa-ajaja	[taka: ajajæ]
seguir (vt)	vakoilla	[ʋakojlla]

prisão (f)	vangitseminen	[ʋaɲitseminen]
prender (vt)	vangita	[ʋaɲita]
pegar, capturar (vt)	ottaa kiinni	[otta: ki:iɲi]
captura (f)	kiinniotto	[ki:iɲiotto]

documento (m)	asiakirja	[asiakirʰæ]
prova (f)	todiste	[todiste]
provar (vt)	todistaa	[todista:]
pegada (f)	jälki	[jælki]
impressões (f pl) digitais	sormenjäljet	[sormenjælʰjet]
prova (f)	todiste	[todiste]

álibi (m)	alibi	[alibi]
inocente	syytön	[ɜy:tøn]
injustiça (f)	epäoikeudenmukaisuus	[epæojkeuden mukajsu:s]

151

injusto	epäoikeudenmukainen	[epæojkeuden mukɑjnen]
criminal	rikosuutiset	[rikosu:tiset]
confiscar (vt)	takavarikoida	[takɑʋɑrikojdɑ]
droga (f)	huume	[hu:me]
arma (f)	ase	[ɑse]
desarmar (vt)	riisua aseista	[ri:suɑ ɑsejstɑ]
ordenar (vt)	käskeä	[kæskeæ]
desaparecer (vi)	kadota	[kɑdotɑ]
lei (f)	laki	[lɑki]
legal	laillinen	[lɑ:jlinen]
ilegal	laiton	[lɑjton]
responsabilidade (f)	vastuu	[ʋɑstu:]
responsável	vastuunalainen	[ʋɑstu:nɑlɑjnen]

NATUREZA

A Terra. Parte 1

164. Espaço sideral

cosmos (m)	avaruus	[ɑʋɑru:s]
cósmico	avaruus-	[ɑʋɑru:s]
espaço (m) cósmico	avaruus	[ɑʋɑru:s]
mundo (m)	maailma	[mɑ:ilmɑ]
universo (m)	maailmankaikkeus	[mɑ:ilmɑn kɑjkkeus]
galáxia (f)	galaksi	[gɑlɑksi]
estrela (f)	tähti	[tæhti]
constelação (f)	tähtikuvio	[tæhtikuʋio]
planeta (m)	planeetta	[plɑne:ttɑ]
satélite (m)	satelliitti	[sɑtelli:itti]
meteorito (m)	meteoriitti	[meteori:itti]
cometa (m)	pyrstötähti	[pyrstøtæhti]
asteroide (m)	asteroidi	[ɑsterojdi]
órbita (f)	kiertorata	[kiertorɑtɑ]
girar (vi)	kiertää	[kærtæ:]
atmosfera (f)	ilmakehä	[ilmɑkehæ]
Sol (m)	Aurinko	[ɑuriŋko]
Sistema (m) Solar	Aurinkokunta	[ɑuriŋko kuntɑ]
eclipse (m) solar	auringonpimennys	[ɑuriŋon pimeŋys]
Terra (f)	Maa	[mɑ:]
Lua (f)	Kuu	[ku:]
Marte (m)	Mars	[mɑrs]
Vénus (m)	Venus	[ʋenus]
Júpiter (m)	Jupiter	[jupiter]
Saturno (m)	Saturnus	[sɑturnus]
Mercúrio (m)	Merkurius	[merkurius]
Urano (m)	Uranus	[urɑnus]
Neptuno (m)	Neptunus	[neptunus]
Plutão (m)	Pluto	[pluto]
Via Láctea (f)	Linnunrata	[liŋunrɑtɑ]
Ursa Maior (f)	Otava	[otɑʋɑ]
Estrela Polar (f)	Pohjantähti	[pohʰjantæhti]
marciano (m)	marsilainen	[mɑrsilɑjnen]
extraterrestre (m)	avaruusolio	[ɑʋɑru:soʎo]

| alienígena (m) | humanoidi | [humanojdi] |
| disco (m) voador | lentävä lautanen | [lentæʋæ lautanen] |

nave (f) espacial	avaruusalus	[aʋaru:salus]
estação (f) orbital	avaruusasema	[aʋaru:sasema]
lançamento (m)	startti	[startti]

motor (m)	moottori	[mo:ttori]
bocal (m)	suutin	[su:tin]
combustível (m)	polttoaine	[polttoajne]

cabine (f)	hytti	[hytti]
antena (f)	antenni	[anteɲi]
vigia (f)	ikkuna	[ikkuna]
bateria (f) solar	aurinkokennosto	[auriŋkokeŋosto]
traje (m) espacial	avaruuspuku	[aʋaru:spuku]

| imponderabilidade (f) | painottomuus | [pajnottomu:s] |
| oxigénio (m) | happi | [happi] |

| acoplagem (f) | telakointi | [telakojnti] |
| fazer uma acoplagem | tehdä telakointi | [tehdæ telakojnti] |

observatório (m)	observatorio	[obserʋatorio]
telescópio (m)	teleskooppi	[telesko:ppi]
observar (vt)	seurata	[seurata]
explorar (vt)	tutkia	[tutkia]

165. A Terra

Terra (f)	Maa	[mɑ:]
globo terrestre (Terra)	maapallo	[mɑ:pallo]
planeta (m)	planeetta	[plane:tta]

atmosfera (f)	ilmakehä	[ilmakeɦæ]
geografia (f)	maantiede	[mɑ:ntiede]
natureza (f)	luonto	[luonto]

globo (mapa esférico)	karttapallo	[karttapallo]
mapa (m)	kartta	[kartta]
atlas (m)	atlas	[atlas]

| Europa (f) | Eurooppa | [euro:ppa] |
| Ásia (f) | Aasia | [a:sia] |

| África (f) | Afrikka | [afrikka] |
| Austrália (f) | Australia | [australia] |

América (f)	Amerikka	[amerikka]
América (f) do Norte	Pohjois-Amerikka	[pohʰøjs amerikka]
América (f) do Sul	Etelä-Amerikka	[eteʎæ amerikka]

| Antártida (f) | Etelämanner | [eteʎæmaɲer] |
| Ártico (m) | Arktis | [arktis] |

166. Pontos cardeais

norte (m)	pohjola	[pohʰøla]
para norte	pohjoiseen	[pohʰøjse:n]
no norte	pohjoisessa	[pohʰøjsessa]
do norte	pohjoinen	[pohʰøjnen]
sul (m)	etelä	[eteʌæ]
para sul	etelään	[etelæ:n]
no sul	etelässä	[eteʌæssæ]
do sul	eteläinen	[eteʌæjnen]
oeste, ocidente (m)	länsi	[ʌænsi]
para oeste	länteen	[ʌænte:n]
no oeste	lännessä	[ʌæŋessæ]
ocidental	läntinen	[ʌæntinen]
leste, oriente (m)	itä	[itæ]
para leste	itään	[itæ:n]
no leste	idässä	[idæssæ]
oriental	itäinen	[itæjnen]

167. Mar. Oceano

mar (m)	meri	[meri]
oceano (m)	valtameri	[ʋaltameri]
golfo (m)	lahti	[lahti]
estreito (m)	salmi	[salmi]
terra (f) firme	maa	[ma:]
continente (m)	manner	[maŋer]
ilha (f)	saari	[sa:ri]
península (f)	niemimaa	[niemima:]
arquipélago (m)	saaristo	[sa:risto]
baía (f)	poukama	[poukama]
porto (m)	satama	[satama]
lagoa (f)	laguuni	[lagu:ni]
cabo (m)	niemi	[niemi]
atol (m)	atolli	[atolli]
recife (m)	riutta	[riutta]
coral (m)	koralli	[koralli]
recife (m) de coral	koralliriutta	[koralli riutta]
profundo	syvä	[syʋæ]
profundidade (f)	syvyys	[syʋy:s]
abismo (m)	kuilu	[kujlu]
fossa (f) oceânica	vajoama	[ʋaøama]
corrente (f)	virta	[ʋirta]
banhar (vt)	huuhdella	[hu:hdella]
litoral (m)	merenranta	[merenranta]

costa (f)	rannikko	[raŋikko]
maré (f) alta	vuoksi	[ʋuoksi]
maré (f) baixa	pakovesi	[pakoʋesi]
restinga (f)	matalikko	[matalikko]
fundo (m)	pohja	[pohʰja]

onda (f)	aalto	[aːlto]
crista (f) da onda	aallonharja	[aːllonharʰja]
espuma (f)	vaahto	[ʋaːhto]

tempestade (f)	myrsky	[myrsky]
furacão (m)	hirmumyrsky	[hirmumyrsky]
tsunami (m)	tsunami	[tsunami]
calmaria (f)	tyyni	[tyːyni]
calmo	rauhallinen	[rauhallinen]

| polo (m) | napa | [napa] |
| polar | napa | [napa] |

latitude (f)	leveys	[leʋeys]
longitude (f)	pituus	[pituːs]
paralela (f)	leveyspiiri	[leʋeyspiːiri]
equador (m)	päiväntasaaja	[pæjʋæntasaːja]

céu (m)	taivas	[tajʋas]
horizonte (m)	taivaanranta	[tajʋaːnranta]
ar (m)	ilma	[ilma]

farol (m)	majakka	[majakka]
mergulhar (vi)	sukeltaa	[sukeltaː]
afundar-se (vr)	upota	[upota]
tesouros (m pl)	aarteet	[aːrteːt]

168. Montanhas

montanha (f)	vuori	[ʋuori]
cordilheira (f)	vuorijono	[ʋuoriøno]
serra (f)	vuorenharjanne	[ʋuoren harʰjaŋe]

cume (m)	huippu	[hujppu]
pico (m)	vuorenhuippu	[ʋuorenhujppu]
sopé (m)	juuri	[juːri]
declive (m)	rinne	[riŋe]

vulcão (m)	tulivuori	[tuliʋuori]
vulcão (m) ativo	toimiva tulivuori	[tojmiʋa tuliʋuori]
vulcão (m) extinto	sammunut tulivuori	[sammunut tuliʋuori]

erupção (f)	purkaus	[purkaus]
cratera (f)	kraatteri	[kraːteri]
magma (m)	magma	[magma]
lava (f)	laava	[laːʋa]
fundido (lava ~a)	hehkuva	[hehkuʋa]
desfiladeiro (m)	rotko	[rotko]

| garganta (f) | rotko | [rotko] |
| fenda (f) | halkeama | [halkeama] |

passo, colo (m)	sola	[sola]
planalto (m)	ylätasanko	[yʌætasaŋko]
falésia (f)	kallio	[kallio]
colina (f)	mäki	[mæki]

glaciar (m)	jäätikkö	[jæːtikkø]
queda (f) d'água	vesiputous	[ʋesiputous]
géiser (m)	geisir	[gejsir]
lago (m)	järvi	[jærʋi]

planície (f)	tasanko	[tasaŋko]
paisagem (f)	maisema	[majsema]
eco (m)	kaiku	[kajku]

alpinista (m)	vuorikiipeilijä	[ʋuoriki:ipejlijæ]
escalador (m)	vuorikiipeilijä	[ʋuoriki:ipejlijæ]
conquistar (vt)	valloittaa	[ʋallojtta:]
subida, escalada (f)	nousu	[nousu]

169. Rios

rio (m)	joki	[øki]
fonte, nascente (f)	lähde	[ʌæhde]
leito (m) do rio	uoma	[uoma]
bacia (f)	joen vesistö	[øen ʋesistø]
desaguar no ...	laskea	[laskea]

| afluente (m) | sivujoki | [siʋuøki] |
| margem (do rio) | ranta | [ranta] |

corrente (f)	virta	[ʋirta]
rio abaixo	myötävirtaan	[myøtæʋirta:n]
rio acima	ylävirtaan	[yʌæʋirta:n]

inundação (f)	tulva	[tulʋa]
cheia (f)	kevättulva	[keʋættulʋa]
transbordar (vi)	tulvia	[tulʋia]
inundar (vt)	tulvia	[tulʋia]

| baixio (m) | matalikko | [matalikko] |
| rápidos (m pl) | koski | [koski] |

barragem (f)	pato	[pato]
canal (m)	kanava	[kanaʋa]
reservatório (m) de água	vedensäiliö	[ʋedensæjliø]
eclusa (f)	sulku	[sulku]

corpo (m) de água	vesistö	[ʋesistø]
pântano (m)	suo	[suo]
tremedal (m)	hete	[hete]
remoinho (m)	pyörre	[pyørre]

arroio, regato (m)	puro	[puro]
potável	juoma-	[yoma]
doce (água)	makea	[makea]

| gelo (m) | jää | [jæ:] |
| congelar-se (vr) | jäätyä | [jæ:tyæ] |

170. Floresta

| floresta (f), bosque (m) | metsä | [metsæ] |
| florestal | metsä- | [metsæ] |

mata (f) cerrada	tiheikkö	[tihejkkø]
arvoredo (m)	lehto	[lehto]
clareira (f)	aho	[aho]

| matagal (f) | tiheikkö | [tihejkkø] |
| mato (m) | pensaikko | [pensajkko] |

| vereda (f) | polku | [polku] |
| ravina (f) | rotko | [rotko] |

árvore (f)	puu	[pu:]
folha (f)	lehti	[lehti]
folhagem (f)	lehdistö	[lehdistø]

queda (f) das folha	lehdenlähtö	[lehdenʎæhtø]
cair (vi)	karista	[karista]
topo (m)	latva	[latʋa]

ramo (m)	oksa	[oksa]
galho (m)	oksa	[oksa]
botão, rebento (m)	silmu	[silmu]
agulha (f)	neulanen	[neulanen]
pinha (f)	käpy	[kæpy]

buraco (m) de árvore	ontelo	[ontelo]
ninho (m)	pesä	[pesæ]
toca (f)	kolo	[kolo]

tronco (m)	runko	[ruŋko]
raiz (f)	juuri	[ju:ri]
casca (f) de árvore	kuori	[kuori]
musgo (m)	sammal	[sammal]

arrancar pela raiz	juuria	[ju:ria]
cortar (vt)	hakata	[hakata]
desflorestar (vt)	hakata	[hakata]
toco, cepo (m)	kanto	[kanto]

fogueira (f)	nuotio	[nuotio]
incêndio (m) florestal	palo	[palo]
apagar (vt)	sammuttaa	[sammutta:]
guarda-florestal (m)	metsänvartija	[metsænʋartija]

proteção (f)	suojelu	[suojelu]
proteger (a natureza)	suojella	[suojella]
caçador (m) furtivo	salametsästäjä	[salametsæstæjæ]
armadilha (f)	raudat	[raudat]

colher (cogumelos)	sienestää	[sienestæ:]
colher (bagas)	marjastaa	[marʰjasta:]
perder-se (vr)	eksyä	[eksyæ]

171. Recursos naturais

recursos (m pl) naturais	luonnonvarat	[luoŋonʋarat]
minerais (m pl)	mineraalit	[minera:lit]
depósitos (m pl)	esiintymä	[esi:intymæ]
jazida (f)	esiintymä	[esi:intymæ]

extrair (vt)	louhia	[louhia]
extração (f)	kaivostoiminta	[kajʋostojminta]
minério (m)	malmi	[malmi]
mina (f)	kaivos	[kajʋos]
poço (m) de mina	kaivos	[kajʋos]
mineiro (m)	kaivosmies	[kajʋosmies]

gás (m)	kaasu	[ka:su]
gasoduto (m)	kaasujohto	[ka:suøhto]

petróleo (m)	öljy	[ølʰy]
oleoduto (m)	öljyjohto	[ølʰy øhto]
poço (m) de petróleo	öljynporausreikä	[ølʰyn poraus rejkæ]
torre (f) petrolífera	öljynporaustorni	[ølʰyn poraus torni]
petroleiro (m)	tankkilaiva	[taŋkki lajʋa]

areia (f)	hiekka	[hiekka]
calcário (m)	kalkkikivi	[kalkkikiʋi]
cascalho (m)	sora	[sora]
turfa (f)	turve	[turʋe]
argila (f)	savi	[saʋi]
carvão (m)	hiili	[hi:ili]

ferro (m)	rauta	[rauta]
ouro (m)	kulta	[kulta]
prata (f)	hopea	[hopea]
níquel (m)	nikkeli	[nikkeli]
cobre (m)	kupari	[kupari]

zinco (m)	sinkki	[siŋkki]
manganês (m)	mangaani	[maŋa:ni]
mercúrio (m)	elohopea	[elo hopea]
chumbo (m)	lyijy	[lyiy]

mineral (m)	mineraali	[minera:li]
cristal (m)	kristalli	[kristalli]
mármore (m)	marmori	[marmori]
urânio (m)	uraani	[ura:ni]

A Terra. Parte 2

172. Tempo

tempo (m)	sää	[sæ:]
previsão (f) do tempo	sääennuste	[sæ:eŋuste]
temperatura (f)	lämpötila	[ʎæmpøtila]
termómetro (m)	lämpömittari	[ʎæmpømittari]
barómetro (m)	ilmapuntari	[ilmapuntari]
humidade (f)	kosteus	[kosteus]
calor (m)	helle	[helle]
cálido	kuuma	[ku:ma]
está muito calor	on kuumaa	[on ku:ma:]
está calor	on lämmintä	[on ʎæmmintæ]
quente	lämmin	[ʎæmmin]
está frio	on kylmää	[on kylmæ:]
frio	kylmä	[kylmæ]
sol (m)	aurinko	[auriŋko]
brilhar (vi)	paistaa	[pajsta:]
de sol, ensolarado	aurinkoinen	[auriŋkojnen]
nascer (vi)	nousta	[nousta]
pôr-se (vr)	laskea	[laskea]
nuvem (f)	pilvi	[pilʋi]
nublado	pilvinen	[pilʋinen]
nuvem (f) preta	pilvi	[pilʋi]
escuro, cinzento	pilvinen	[pilʋinen]
chuva (f)	sade	[sade]
está a chover	sataa vettä	[sata: ʋettæ]
chuvoso	sateinen	[satejnen]
chuviscar (vi)	vihmoa	[ʋihmoa]
chuva (f) torrencial	kaatosade	[ka:tosade]
chuvada (f)	rankka sade	[raŋkkasade]
forte (chuva)	rankka	[raŋkka]
poça (f)	lätäkkö	[ʎætækkø]
molhar-se (vr)	kastua	[kastua]
nevoeiro (m)	sumu	[sumu]
de nevoeiro	sumuinen	[sumujnen]
neve (f)	lumi	[lumi]
está a nevar	sataa lunta	[sata: lunta]

173. Tempo extremo. Catástrofes naturais

trovoada (f)	ukkonen	[ukkonen]
relâmpago (m)	salama	[salama]
relampejar (vi)	kimaltaa	[kimalta:]
trovão (m)	ukkonen	[ukkonen]
trovejar (vi)	jyristä	[yristæ]
está a trovejar	ukkonen jyrisee	[ukkonen yrise:]
granizo (m)	raesade	[raesade]
está a cair granizo	sataa rakeita	[sata: rakejta]
inundar (vt)	upottaa	[upotta:]
inundação (f)	tulva	[tuluɑ]
terremoto (m)	maanjäristys	[mɑ:njaristys]
abalo, tremor (m)	maantärähdys	[mɑ:ntæræhdys]
epicentro (m)	keskus	[keskus]
erupção (f)	purkaus	[purkaus]
lava (f)	laava	[lɑ:uɑ]
turbilhão (m)	pyörre	[pyørre]
tornado (m)	tornado	[tornado]
tufão (m)	pyörremyrsky	[pyørremyrsky]
furacão (m)	hirmumyrsky	[hɪrmumyrsky]
tempestade (f)	myrsky	[myrsky]
tsunami (m)	tsunami	[tsunami]
ciclone (m)	sykloni	[sykloni]
mau tempo (m)	koiran ilma	[kojran ilma]
incêndio (m)	palo	[palo]
catástrofe (f)	katastrofi	[katastrofi]
meteorito (m)	meteoriitti	[meteori:itti]
avalanche (f)	lumivyöry	[lumiuyøry]
deslizamento (f) de neve	lumivyöry	[lumiuyøry]
nevasca (f)	pyry	[pyry]
tempestade (f) de neve	pyry	[pyry]

Fauna

174. Mamíferos. Predadores

predador (m)	peto	[peto]
tigre (m)	tiikeri	[tiːikeri]
leão (m)	leijona	[leiøna]
lobo (m)	susi	[susi]
raposa (f)	kettu	[kettu]

jaguar (m)	jaguaari	[jɑguɑːri]
leopardo (m)	leopardi	[leopɑrdi]
chita (f)	gepardi	[gepɑrdi]

pantera (f)	pantteri	[pɑntteri]
puma (m)	puuma	[puːmɑ]
leopardo-das-neves (m)	lumileopardi	[lumi leopɑrdi]
lince (m)	ilves	[ilʋes]

coiote (m)	kojootti	[koøːtti]
chacal (m)	sakaali	[sɑkɑːli]
hiena (f)	hyeena	[hyeːnɑ]

175. Animais selvagens

animal (m)	eläin	[eʎæjn]
besta (f)	eläin	[eʎæjn]

esquilo (m)	orava	[orɑʋɑ]
ouriço (m)	siili	[siːili]
lebre (f)	jänis	[jænis]
coelho (m)	kaniini	[kɑniːini]

texugo (m)	mäyrä	[mæuræ]
guaxinim (m)	pesukarhu	[pesukɑrhu]
hamster (m)	hamsteri	[hɑmsteri]
marmota (f)	murmeli	[murmeli]

toupeira (f)	maamyyrä	[mɑːmyːræ]
rato (m)	hiiri	[hiːiri]
ratazana (f)	rotta	[rottɑ]
morcego (m)	lepakko	[lepɑkko]

arminho (m)	kärppä	[kærppæ]
zibelina (f)	soopeli	[soːpeli]
marta (f)	näätä	[næːtæ]
doninha (f)	lumikko	[lumikko]
vison (m)	minkki	[miŋkki]

| castor (m) | majava | [majaʋa] |
| lontra (f) | saukko | [saukko] |

cavalo (m)	hevonen	[heʋonen]
alce (m) americano	hirvi	[hirʋi]
veado (m)	poro	[poro]
camelo (m)	kameli	[kameli]

bisão (m)	biisoni	[biːisoni]
auroque (m)	visentti	[ʋisentti]
búfalo (m)	puhveli	[puhʋeli]

zebra (f)	seepra	[seːpra]
antílope (m)	antilooppi	[antiloːppi]
corça (f)	metsäkauris	[meʦæ kauris]
gamo (m)	kuusipeura	[kuːsi peura]
camurça (f)	gemssi	[gemssi]
javali (m)	villisika	[ʋilli sika]

baleia (f)	valas	[ʋalas]
foca (f)	hylje	[hylʰje]
morsa (f)	mursu	[mursu]
urso-marinho (m)	merikarhu	[merikarhu]
golfinho (m)	delfiini	[delfiːini]

urso (m)	karhu	[karhu]
urso (m) branco	jääkarhu	[jæːkarhu]
panda (m)	panda	[panda]

macaco (em geral)	apina	[apina]
chimpanzé (m)	simpanssi	[simpanssi]
orangotango (m)	oranki	[oraŋki]
gorila (m)	gorilla	[gorilla]
macaco (m)	makaki	[makaki]
gibão (m)	gibboni	[gibboni]

elefante (m)	norsu	[norsu]
rinoceronte (m)	sarvikuono	[sarʋikuono]
girafa (f)	kirahvi	[kirahʋi]
hipopótamo (m)	virtahepo	[ʋirta hepo]

| canguru (m) | kenguru | [keŋuru] |
| coala (m) | pussikarhu | [pussikarhu] |

mangusto (m)	faaraorotta	[faːraorotta]
chinchila (f)	sinsilla	[sinsilla]
doninha-fedorenta (f)	haisunäätä	[hajsunæːtæ]
porco-espinho (m)	piikkisika	[piːikkisika]

176. Animais domésticos

gata (f)	kissa	[kissa]
gato (m) macho	kollikissa	[kollikissa]
cão (m)	koira	[kojra]

cavalo (m)	hevonen	[heʋonen]
garanhão (m)	ori	[ori]
égua (f)	tamma	[tamma]

vaca (f)	lehmä	[lehmæ]
touro (m)	sonni	[soŋi]
boi (m)	härkä	[hærkæ]

ovelha (f)	lammas	[lammas]
carneiro (m)	pässi	[pæssi]
cabra (f)	vuohi	[ʋuohi]
bode (m)	pukki	[pukki]

| burro (m) | aasi | [aːsi] |
| mula (f) | muuli | [muːli] |

porco (m)	sika	[sika]
porquinho (m)	porsas	[porsas]
coelho (m)	kaniini	[kaniːini]

| galinha (f) | kana | [kana] |
| galo (m) | kukko | [kukko] |

pato (m), pata (f)	ankka	[aŋkka]
pato (macho)	urosankka	[urosaŋkka]
ganso (m)	hanhi	[hanhi]

| peru (m) | uroskalkkuna | [uroskalkkuna] |
| perua (f) | naaraskalkkuna | [naːraskalkkuna] |

animais (m pl) domésticos	kotieläimet	[kotieʎæjmet]
domesticado	kesy	[kesy]
domesticar (vt)	kesyttää	[kesyttæː]
criar (vt)	kasvattaa	[kasʋattaː]

quinta (f)	farmi	[farmi]
aves (f pl) domésticas	siipikarja	[siːipikarʰja]
gado (m)	karja	[karʰja]
rebanho (m), manada (f)	lauma	[lauma]

estábulo (m)	hevostalli	[heʋostalli]
pocilga (f)	sikala	[sikala]
estábulo (m)	navetta	[naʋetta]
coelheira (f)	kanikoppi	[kanikoppi]
galinheiro (m)	kanala	[kanala]

177. Cães. Raças de cães

cão (m)	koira	[kojra]
cão pastor (m)	paimenkoira	[pajmeŋkojra]
caniche (m)	villakoira	[ʋillakojra]
teckel (m)	mäyräkoira	[mæurækojra]
buldogue (m)	bulldoggi	[bulldoggi]
boxer (m)	bokseri	[bokseri]

mastim (m)	mastiffi	[mɑstiffi]
rottweiler (m)	rottweiler	[rottuɑjler]
dobermann (m)	dobermanni	[dobermɑɲi]

basset (m)	basset	[bɑsset]
pastor inglês (m)	bobtail, lampuri	[bobtejl], [ʎæmpuri]
dálmata (m)	dalmatiankoira	[dalmɑtiɑnikojrɑ]
cocker spaniel (m)	cockerspanieli	[kokker spɑnieli]

| terra-nova (m) | newfoundlandinkoira | [ɲjyfɑundlɑndin kojrɑ] |
| são-bernardo (m) | bernhardinkoira | [bernhɑrdin kojrɑ] |

husky (m)	siperianhusky	[siperiɑn husky]
Chow-chow (m)	kiinanpystykorva	[kiːinɑnpysty koruɑ]
spitz alemão (m)	kääpiöpystykorva	[kæːpiøpysty koruɑ]
carlindogue (m)	mopsi	[mopsi]

178. Sons produzidos pelos animais

latido (m)	haukunta	[hɑukuntɑ]
latir (vi)	haukkua	[hɑukkuɑ]
miar (vi)	naukua	[nɑukuɑ]
ronronar (vi)	kehrätä	[kehrætæ]

mugir (vaca)	ammua	[ɑmmuɑ]
bramir (touro)	ulvoa	[uluoɑ]
rosnar (vi)	möristä	[møristæ]

uivo (m)	ulvonta	[uluontɑ]
uivar (vi)	ulvoa	[uluoɑ]
ganir (vi)	inistä	[inistæ]

balir (vi)	määkiä	[mæːkiæ]
grunhir (porco)	röhkiä	[røhkiæ]
guinchar (vi)	vinkua	[uiŋkuɑ]

coaxar (sapo)	kurnuttaa	[kurnuttɑː]
zumbir (inseto)	surista	[suristɑ]
estridular, ziziar (vi)	sirittää	[sirittæː]

179. Pássaros

pássaro, ave (m)	lintu	[lintu]
pombo (m)	kyyhky	[kyːhky]
pardal (m)	varpunen	[uɑrpunen]
chapim-real (m)	tiainen	[tiɑjnen]
pega-rabuda (f)	harakka	[hɑrɑkkɑ]

corvo (m)	korppi	[korppi]
gralha (f) cinzenta	varis	[uɑris]
gralha-de-nuca-cinzenta (f)	naakka	[nɑːkkɑ]
gralha-calva (f)	mustavaris	[mustɑ uɑris]

pato (m)	ankka	[aŋkka]
ganso (m)	hanhi	[hanhi]
faisão (m)	fasaani	[fasɑ:ni]

águia (f)	kotka	[kotka]
açor (m)	haukka	[haukka]
falcão (m)	haukka	[haukka]
abutre (m)	korppikotka	[korppikotka]
condor (m)	kondori	[kondori]

cisne (m)	joutsen	[øutsen]
grou (m)	kurki	[kurki]
cegonha (f)	haikara	[hajkara]
papagaio (m)	papukaija	[papukaija]
beija-flor (m)	kolibri	[kolibri]
pavão (m)	riikinkukko	[ri:ikiŋkukko]

avestruz (f)	strutsi	[strutsi]
garça (f)	haikara	[hajkara]
flamingo (m)	flamingo	[flamiŋo]
pelicano (m)	pelikaani	[pelikɑ:ni]

rouxinol (m)	satakieli	[satakieli]
andorinha (f)	pääskynen	[pæ:skynen]
tordo-zornal (m)	rastas	[rastas]
tordo-músico (m)	laulurastas	[laulurastas]
melro-preto (m)	mustarastas	[mustarastas]

andorinhão (m)	tervapääsky	[terʋapæ:sky]
cotovia (f)	leivonen	[lejʋonen]
codorna (f)	viiriäinen	[ʋi:iriæjnen]

pica-pau (m)	tikka	[tikka]
cuco (m)	käki	[kæki]
coruja (f)	pöllö	[pøllø]
corujão, bufo (m)	huuhkaja	[hu:hkaja]
tetraz-grande (m)	metso	[metso]
tetraz-lira (m)	teeri	[te:ri]
perdiz-cinzenta (f)	riekko	[riekko]

estorninho (m)	kottarainen	[kottarajnen]
canário (m)	kanarianlintu	[kanarianlintu]
galinha-do-mato (f)	pyy	[py:]
tentilhão (m)	peipponen	[pejpponen]
dom-fafe (m)	punatulkku	[punatulkku]

gaivota (f)	lokki	[lokki]
albatroz (m)	albatrossi	[albatrossi]
pinguim (m)	pingviini	[piŋʋi:ini]

180. Pássaros. Canto e sons

| cantar (vi) | laulaa | [laula:] |
| gritar (vi) | huutaa | [hu:ta:] |

cantar (o galo)	**kiekua**	[kiekuɑ]
cocorocó (m)	**kukkokiekuu**	[kukkokieku:]

cacarejar (vi)	**kotkottaa**	[kotkottɑ:]
crocitar (vi)	**raakkua**	[rɑ:kkuɑ]
grasnar (vi)	**rääkättää**	[ræ:kættæ:]
piar (vi)	**piipittää**	[pi:ipittæ:]
chilrear, gorjear (vi)	**sirkuttaa**	[sirkuttɑ:]

181. Peixes. Animais marinhos

brema (f)	**lahna**	[lɑhnɑ]
carpa (f)	**karppi**	[kɑrppi]
perca (f)	**ahven**	[ɑhʋen]
siluro (m)	**monni**	[moŋi]
lúcio (m)	**hauki**	[hɑuki]

salmão (m)	**lohi**	[lohi]
esturjão (m)	**sampi**	[sɑmpi]

arenque (m)	**silli**	[silli]
salmão (m)	**merilohi**	[merilohi]

cavala, sarda (f)	**makrilli**	[mɑkrilli]
solha (f)	**kampela**	[kɑmpelɑ]

lúcio perca (m)	**kuha**	[kuhɑ]
bacalhau (m)	**turska**	[turskɑ]

atum (m)	**tonnikala**	[toŋikɑlɑ]
truta (f)	**lohi**	[lohi]

enguia (f)	**ankerias**	[ɑŋkeriɑs]
raia elétrica (f)	**sähkörausku**	[sæhkørɑusku]

moreia (f)	**mureena**	[mure:nɑ]
piranha (f)	**punapiraija**	[punɑ pirɑijɑ]

tubarão (m)	**hai**	[hɑj]
golfinho (m)	**delfiini**	[delfi:ini]
baleia (f)	**valas**	[ʋɑlɑs]

caranguejo (m)	**taskurapu**	[tɑskurɑpu]
medusa, alforreca (f)	**meduusa**	[medu:sɑ]
polvo (m)	**meritursas**	[meritursɑs]

estrela-do-mar (f)	**meritähti**	[meritæhti]
ouriço-do-mar (m)	**merisiili**	[merisi:ili]
cavalo-marinho (m)	**merihevonen**	[meriheʋonen]

ostra (f)	**osteri**	[osteri]
camarão (m)	**katkarapu**	[kɑtkɑrɑpu]
lavagante (m)	**hummeri**	[hummeri]
lagosta (f)	**langusti**	[lɑŋusti]

182. Amfíbios. Répteis

serpente, cobra (f)	käärme	[kæ:rme]
venenoso	myrkyllinen	[myrkyllinen]
víbora (f)	kyy	[ky:]
cobra-capelo, naja (f)	silmälasikäärme	[silmælɑsi kæ:rme]
pitão (m)	python	[python]
jiboia (f)	jättiläiskäärme	[jættiʎæjs kæ:rme]
cobra-de-água (f)	turhakäärme	[turhɑ kæ:rme]
cascavel (f)	kalkkarokäärme	[kɑlkkɑro kæ:rme]
anaconda (f)	anakonda	[ɑnɑkondɑ]
lagarto (m)	sisilisko	[sisilisko]
iguana (f)	iguaani	[iguɑ:ni]
varano (m)	varaani	[ʋɑrɑ:ni]
salamandra (f)	salamanteri	[sɑlɑmɑnteri]
camaleão (m)	kameleontti	[kɑmeleontti]
escorpião (m)	skorpioni	[skorpioni]
tartaruga (f)	kilpikonna	[kilpikoŋɑ]
rã (f)	sammakko	[sɑmmɑkko]
sapo (m)	konna	[koŋɑ]
crocodilo (m)	krokotiili	[krokoti:ili]

183. Insetos

inseto (m)	hyönteinen	[hyøntejnen]
borboleta (f)	perhonen	[perhonen]
formiga (f)	muurahainen	[mu:rɑhɑjnen]
mosca (f)	kärpänen	[kærpænen]
mosquito (m)	hyttynen	[hyttynen]
escaravelho (m)	kovakuoriainen	[koʋɑkuoriɑjnen]
vespa (f)	ampiainen	[ɑmpiɑjnen]
abelha (f)	mehiläinen	[mehiʎæjnen]
zangão (m)	kimalainen	[kimɑlɑjnen]
moscardo (m)	kiiliäinen	[ki:iliæjnen]
aranha (f)	hämähäkki	[hæmæɦækki]
teia (f) de aranha	hämähäkinseitti	[hæmæɦækinsejtti]
libélula (f)	sudenkorento	[sudeŋkorento]
gafanhoto-do-campo (m)	hepokatti	[hepokatti]
traça (f)	perho	[perho]
barata (f)	torakka	[torɑkkɑ]
carraça (f)	punkki	[puŋkki]
pulga (f)	kirppu	[kirppu]
borrachudo (m)	mäkärä	[mækæræ]
gafanhoto (m)	kulkusirkka	[kulkusirkkɑ]
caracol (m)	etana	[etɑnɑ]

grilo (m)	sirkka	[sirkka]
pirilampo (m)	kiiltomato	[ki:iltomato]
joaninha (f)	leppäkerttu	[leppækerttu]
besouro (m)	turilas	[turilas]

sanguessuga (f)	juotikas	[juotikas]
lagarta (f)	toukka	[toukka]
minhoca (f)	mato	[mato]
larva (f)	toukka	[toukka]

184. Animais. Partes do corpo

bico (m)	nokka	[nokka]
asas (f pl)	siivet	[si:iuet]
pata (f)	käpälä	[kæpæʌæ]
plumagem (f)	höyhenpeite	[høyhenpejte]
pena, pluma (f)	höyhen	[høyhen]
crista (f)	töyhtö	[tøyhtø]

brânquias, guelras (f pl)	kidukset	[kidukset]
ovas (f pl)	kaviaari	[kauia:ri]
larva (f)	toukka	[toukka]
barbatana (f)	evä	[euæ]
escama (f)	suomukset	[suomukset]

canino (m)	torahammas	[torahammas]
pata (f)	käpälä	[kæpæʌæ]
focinho (m)	kuono	[kuono]
boca (f)	kita	[kita]
cauda (f), rabo (m)	häntä	[hæntæ]
bigodes (m pl)	viikset	[ui:ikset]

casco (m)	kavio	[kauio]
corno (m)	sarvi	[sarui]

carapaça (f)	panssari	[panssari]
concha (f)	simpukka	[simpukka]
casca (f) de ovo	kuori	[kuori]

pelo (m)	karva	[karua]
pele (f), couro (m)	vuota	[uuota]

185. Animais. Habitats

habitat (m)	elinympäristö	[elinympæristø]
migração (f)	muuttoliike	[mu:ttoli:ike]

montanha (f)	vuori	[uuori]
recife (m)	riutta	[riutta]
falésia (f)	kallio	[kallio]
floresta (f)	metsä	[metsæ]
selva (f)	viidakko	[ui:idakko]

169

savana (f)	**savanni**	[sɑʋɑŋi]
tundra (f)	**tundra**	[tundrɑ]
estepe (f)	**aro**	[ɑro]
deserto (m)	**aavikko**	[ɑːʋikko]
oásis (m)	**keidas**	[kejdɑs]
mar (m)	**meri**	[meri]
lago (m)	**järvi**	[jærʋi]
oceano (m)	**valtameri**	[ʋɑltɑmeri]
pântano (m)	**suo**	[suo]
de água doce	**makeavetinen**	[mɑkeɑʋetinen]
lagoa (f)	**lammikko**	[lɑmmikko]
rio (m)	**joki**	[øki]
toca (f) do urso	**karhunpesä**	[kɑrhun pesæ]
ninho (m)	**pesä**	[pesæ]
buraco (m) de árvore	**ontelo**	[ontelo]
toca (f)	**kolo**	[kolo]
formigueiro (m)	**muurahaiskeko**	[muːrɑhɑjs keko]

Flora

186. Árvores

árvore (f)	puu	[pu:]
decídua	lehti-	[lehti]
conífera	havu-	[hauu]
perene	ikivihreä	[ikiuihrea]

macieira (f)	omenapuu	[omenapu:]
pereira (f)	päärynäpuu	[pæ:ryŋæpu:]
cerejeira (f)	linnunkirsikkapuu	[liŋun kirsikkapu:]
ginjeira (f)	hapankirsikkapuu	[hapan kirsikkapu:]
ameixeira (f)	luumupuu	[lu:mupu:]

bétula (f)	koivu	[kojuu]
carvalho (m)	tammi	[tammi]
tília (f)	lehmus	[lehmus]
choupo-tremedor (m)	haapa	[ha:pa]
bordo (m)	vaahtera	[ua:htera]
espruce-europeu (m)	kuusi	[ku:si]
pinheiro (m)	mänty	[mænty]
alerce, lariço (m)	lehtikuusi	[lehtiku:si]
abeto (m)	jalokuusi	[jaloku:si]
cedro (m)	setri	[setri]

choupo, álamo (m)	poppeli	[poppeli]
tramazeira (f)	pihlaja	[pihlaja]
salgueiro (m)	paju	[paju]
amieiro (m)	leppä	[leppæ]
faia (f)	pyökki	[pyøkki]
ulmeiro (m)	jalava	[jalaua]
freixo (m)	saarni	[sa:rni]
castanheiro (m)	kastanja	[kastanʰja]

magnólia (f)	magnolia	[magnolia]
palmeira (f)	palmu	[palmu]
cipreste (m)	sypressi	[sypressi]

mangue (m)	mangrovepuu	[maŋrouepu:]
embondeiro, baobá (m)	apinanleipäpuu	[apinan lejpæpu:]
eucalipto (m)	eukalyptus	[eukalyptus]
sequoia (f)	punapuu	[punapu:]

187. Arbustos

arbusto (m)	pensas	[pensas]
arbusto (m), moita (f)	pensaikko	[pensajkko]

| videira (f) | viinirypäleet | [ui:inirypæle:t] |
| vinhedo (m) | viinitarha | [ui:initarha] |

framboeseira (f)	vadelma	[uadelma]
groselheira-vermelha (f)	punaherukka	[punaherukka]
groselheira (f) espinhosa	karviaismarja	[karuiajsmarʰja]

acácia (f)	akasia	[akasia]
bérberis (f)	happomarja	[happomarʰja]
jasmim (m)	jasmiini	[jasmi:ini]

junípero (m)	kataja	[kataja]
roseira (f)	ruusupensas	[ru:supensas]
roseira (f) brava	villiruusu	[uilliru:su]

188. Cogumelos

cogumelo (m)	sieni	[sieni]
cogumelo (m) comestível	ruokasieni	[ruokasieni]
cogumelo (m) venenoso	myrkkysieni	[myrkkysieni]
chapéu (m)	lakki	[lakki]
pé, caule (m)	jalka	[jalka]

cepe-de-bordéus (m)	herkkutatti	[herkkutatti]
boleto (m) áspero	punikkitatti	[punikkitatti]
boleto (m) castanho	lehmäntatti	[lehmæntatti]
cantarelo (m)	keltavahvero	[keltauahuero]
rússula (f)	hapero	[hapero]

morchela (f)	huhtasieni	[huhtasieni]
agário-das-moscas (m)	kärpässieni	[kærpæssieni]
cicuta (f) verde	myrkkysieni	[myrkkysieni]

189. Frutos. Bagas

fruta (f)	hedelmä	[hedelmæ]
frutas (f pl)	hedelmät	[hedelmæt]
maçã (f)	omena	[omena]
pera (f)	päärynä	[pæ:ryɲæ]
ameixa (f)	luumu	[lu:mu]

morango (m)	mansikka	[mansikka]
ginja (f)	hapankirsikka	[hapan kirsikka]
cereja (f)	linnunkirsikka	[liɲun kirsikka]
uva (f)	viinirypäleet	[ui:inirypæle:t]

framboesa (f)	vadelma	[uadelma]
groselha (f) preta	mustaherukka	[mustaherukka]
groselha (f) vermelha	punaiset viinimarjat	[punajset ui:inimarʰjat]
groselha (f) espinhosa	karviaiset	[karuiajset]
oxicoco (m)	karpalo	[karpalo]
laranja (f)	appelsiini	[appelsi:ini]

tangerina (f)	mandariini	[mandari:ini]
ananás (m)	ananas	[ananas]
banana (f)	banaani	[bana:ni]
tâmara (f)	taateli	[ta:teli]

limão (m)	sitruuna	[sitru:na]
damasco (m)	aprikoosi	[apriko:si]
pêssego (m)	persikka	[persikka]
kiwi (m)	kiivi	[ki:iʋi]
toranja (f)	greippi	[grejppi]

baga (f)	marja	[marʰja]
bagas (f pl)	marjat	[marʰjat]
arando (m) vermelho	puolukka	[puolukka]
morango-silvestre (m)	mansikka	[mansikka]
mirtilo (m)	mustikka	[mustikka]

190. Flores. Plantas

| flor (f) | kukka | [kukka] |
| ramo (m) de flores | kukkakimppu | [kukkakimppu] |

rosa (f)	ruusu	[ru:su]
tulipa (f)	tulppani	[tulppani]
cravo (m)	neilikka	[nejlikka]
gladíolo (m)	miekkalilja	[miekkalilija]

centáurea (f)	kaunokki	[kaunokki]
campânula (f)	kellokukka	[kelloikukka]
dente-de-leão (m)	voikukka	[ʋojkukka]
camomila (f)	päivänkakkara	[pæjʋæn kakkara]

aloé (m)	aaloe	[a:loe]
cato (m)	kaktus	[kaktus]
fícus (m)	fiikus	[fi:ikus]

lírio (m)	lilja	[lilʰja]
gerânio (m)	kurjenpolvi	[kurʰjenpolʋi]
jacinto (m)	hyasintti	[hyasintti]

mimosa (f)	mimoosa	[mimo:sa]
narciso (m)	narsissi	[narsissi]
capuchinha (f)	krassi	[krassi]

orquídea (f)	orkidea	[orkidea]
peónia (f)	pioni	[pioni]
violeta (f)	orvokki	[orʋokki]

amor-perfeito (m)	keto-orvokki	[keto orʋokki]
não-me-esqueças (m)	lemmikki	[lemmikki]
margarida (f)	kaunokainen	[kaunokajnen]

| papoula (f) | unikko | [unikko] |
| cânhamo (m) | hamppu | [hamppu] |

173

hortelã (f)	minttu	[minttu]
lírio-do-vale (m)	kielo	[kielo]
campânula-branca (f)	lumikello	[lumikello]

urtiga (f)	nokkonen	[nokkonen]
azeda (f)	hierakka	[hierakka]
nenúfar (m)	lumme	[lumme]
feto (m), samambaia (f)	saniainen	[saniajnen]
líquen (m)	jäkälä	[jækæʎæ]

estufa (f)	ansari	[ansari]
relvado (m)	nurmikko	[nurmikko]
canteiro (m) de flores	kukkapenkki	[kukka peŋkki]

planta (f)	kasvi	[kasʋi]
erva (f)	ruoho	[ruoho]
folha (f) de erva	heinänkorsi	[hejnæŋkorsi]

folha (f)	lehti	[lehti]
pétala (f)	terälehti	[teræ lehti]
talo (m)	varsi	[ʋarsi]
tubérculo (m)	mukula	[mukula]

| broto, rebento (m) | itu | [itu] |
| espinho (m) | piikki | [piːikki] |

florescer (vi)	kukkia	[kukkia]
murchar (vi)	kuihtua	[kujhtua]
cheiro (m)	tuoksu	[tuoksu]
cortar (flores)	leikata	[lejkata]
colher (uma flor)	repiä	[repiæ]

191. Cereais, grãos

grão (m)	vilja	[ʋilʰja]
cereais (plantas)	viljat	[ʋilʰjat]
espiga (f)	tähkä	[tæhkæ]

trigo (m)	vehnä	[ʋehɲæ]
centeio (m)	ruis	[rujs]
aveia (f)	kaura	[kaura]

| milho-miúdo (m) | hirssi | [hirssi] |
| cevada (f) | ohra | [ohra] |

milho (m)	maissi	[majssi]
arroz (m)	riisi	[riːisi]
trigo-sarraceno (m)	tattari	[tattari]

ervilha (f)	herne	[herne]
feijão (m)	pavut	[paʋut]
soja (f)	soijapapu	[soijapapu]
lentilha (f)	kylvövirvilä	[kylʋøʋirʋiʎæ]
fava (f)	pavut	[paʋut]

GEOGRAFIA REGIONAL

Países. Nacionalidades

192. Política. Governo. Parte 1

política (f)	politiikka	[politi:ikka]
político	poliittinen	[poli:ittinen]
político (m)	poliitikko	[poli:itikko]

estado (m)	valtio	[ualtio]
cidadão (m)	kansalainen	[kansalajnen]
cidadania (f)	kansalaisuus	[kansalajsu:s]

brasão (m) de armas	kansallinen vaakuna	[kansallinen ua:kuna]
hino (m) nacional	kansallishymni	[kansallis hymni]

governo (m)	hallitus	[hallitus]
Chefe (m) de Estado	maan johtaja	[ma:n øhtaja]
parlamento (m)	parlamentti	[parlamentti]
partido (m)	puolue	[puolue]

capitalismo (m)	kapitalismi	[kapitalismi]
capitalista	kapitalistinen	[kapitalistinen]

socialismo (m)	sosialismi	[sosialismi]
socialista	sosialistinen	[sosialistinen]

comunismo (m)	kommunismi	[kommunismi]
comunista	kommunistinen	[kommunistinen]
comunista (m)	kommunisti	[kommunisti]

democracia (f)	demokratia	[demokratia]
democrata (m)	demokraatti	[demokra:tti]
democrático	demokraattinen	[demokra:ttinen]
Partido (m) Democrático	demokraattinen puolue	[demokra:ttinen puolue]

liberal (m)	liberaali	[libera:li]
liberal	liberaali	[libera:li]

conservador (m)	vanhoillinen	[uanhojllinen]
conservador	vanhoillinen	[uanhojllinen]

república (f)	tasavalta	[tasaualta]
republicano (m)	republikaani	[republika:ni]
Partido (m) Republicano	republikaanipuolue	[republika:ni puolue]

eleições (f pl)	vaalit	[ua:lit]
eleger (vt)	valita	[ualita]

eleitor (m)	valitsija	[ʋalitsija]
campanha (f) eleitoral	vaalikampanja	[ʋa:li kampanʰja]

votação (f)	äänestys	[æ:nestys]
votar (vi)	äänestää	[æ:nestæ:]
direito (m) de voto	äänioikeus	[æ:niojkeus]

candidato (m)	ehdokas	[ehdokas]
candidatar-se (vi)	asettua ehdokkaaksi	[asettua ehdokka:ksi]
campanha (f)	kampanja	[kampanʰja]

da oposição	oppositio-	[oppositio]
oposição (f)	oppositio	[oppositio]

visita (f)	vierailu	[ʋierajlu]
visita (f) oficial	virallinen vierailu	[ʋirallinen ʋierajlu]
internacional	kansainvälinen	[kansajnʋælinen]

negociações (f pl)	neuvottelut	[neuʋottelut]
negociar (vi)	käydä neuvotteluja	[kæydæ neuʋotteluja]

193. Política. Governo. Parte 2

sociedade (f)	yhteiskunta	[yhtejskunta]
constituição (f)	perustuslaki	[perustuslaki]
poder (ir para o ~)	valta	[ʋalta]
corrupção (f)	lahjottavuus	[lahʰøttaʋu:s]

lei (f)	laki	[laki]
legal	laillinen	[la:jlinen]

justiça (f)	oikeudenmukaisuus	[ojkeudenmukajsu:s]
justo	oikeudenmukainen	[ojkeuden mukajnen]

comité (m)	komitea	[komitea]
projeto-lei (m)	lakiehdotus	[lakiehdotus]
orçamento (m)	budjetti	[budʰjetti]
política (f)	politiikka	[politi:ikka]
reforma (f)	reformi	[reformi]
radical	radikaali	[radika:li]

força (f)	voima	[ʋojma]
poderoso	voimakas	[ʋojmakas]
partidário (m)	puolustaja	[puolustaja]
influência (f)	vaikutus	[ʋajkutus]

regime (m)	hallinto	[hallinto]
conflito (m)	selkkaus	[selkkaus]
conspiração (f)	salaliitto	[salali:itto]
provocação (f)	provokaatio	[prouoka:tio]

derrubar (vt)	kukistaa	[kukista:]
derrube (m), queda (f)	kukistaminen	[kukistaminen]
revolução (f)	vallankumous	[ʋallan kumous]

| golpe (m) de Estado | kumous | [kumous] |
| golpe (m) militar | sotilasvallankaappaus | [sotilas vallan ka:ppaus] |

crise (f)	kriisi	[kri:isi]
recessão (f) económica	taantuma	[ta:ntuma]
manifestante (m)	mielenosoittaja	[mielenosojttaja]
manifestação (f)	mielenosoitus	[mielenosojtus]
lei (f) marcial	sotatila	[sotatila]
base (f) militar	tukikohta	[tukikohta]

| estabilidade (f) | vakaus | [uakaus] |
| estável | vakaa | [uaka:] |

| exploração (f) | riisto | [ri:isto] |
| explorar (vt) | riistää | [ri:istæ:] |

racismo (m)	rasismi	[rasismi]
racista (m)	rasisti	[rasisti]
fascismo (m)	fasismi	[fasismi]
fascista (m)	fasisti	[fasisti]

194. Países. Diversos

estrangeiro (m)	ulkomaalainen	[ulkoma:lajnen]
estrangeiro	ulkomainen	[ulkomajnen]
no estrangeiro	ulkomailla	[ulkomajlla]

emigrante (m)	maastamuuttaja	[ma:stamu:ttaja]
emigração (f)	maastamuutto	[ma:stamu:tto]
emigrar (vi)	muuttaa maasta	[mu:tta: ma:sta]

Ocidente (m)	länsi	[ʌænsi]
Oriente (m)	itä	[itæ]
Extremo Oriente (m)	Kaukoitä	[kaukojtæ]

civilização (f)	sivilisaatio	[siuilisa:tio]
humanidade (f)	ihmiskunta	[ihmiskunta]
mundo (m)	maailma	[ma:ilma]
paz (f)	rauha	[rauha]
mundial	maailman-	[ma:jlman]

pátria (f)	synnyinmaa	[syŋyjnma:]
povo (m)	kansa	[kansa]
população (f)	väestö	[uæestø]
gente (f)	ihmiset	[ihmiset]
nação (f)	kansakunta	[kansakunta]
geração (f)	sukupolvi	[sukupolui]

território (m)	alue	[alue]
região (f)	seutu	[seutu]
estado (m)	osavaltio	[osaualtio]

| tradição (f) | perinne | [periŋe] |
| costume (m) | tapa | [tapa] |

ecologia (f)	ekologia	[ekologia]
índio (m)	intiaani	[intia:ni]
cigano (m)	mustalainen	[mustalajnen]
cigana (f)	mustalainen	[mustalajnen]
cigano	mustalainen	[mustalajnen]
império (m)	keisarikunta	[kejsarikunta]
colónia (f)	kolonia	[kolonia]
escravidão (f)	orjuus	[orʰju:s]
invasão (f)	maahanhyökkäys	[ma:han hyøkkæys]
fome (f)	nälänhätä	[na:la:nha:ta:]

195. Grupos religiosos mais importantes. Confissões

religião (f)	uskonto	[uskonto]
religioso	uskonnollinen	[uskoŋollinen]
crença (f)	usko	[usko]
crer (vt)	uskoa	[uskoa]
crente (m)	uskovainen	[uskouajnen]
ateísmo (m)	ateismi	[ateismi]
ateu (m)	ateisti	[ateisti]
cristianismo (m)	Kristinusko	[kristinusko]
cristão (m)	kristitty	[kristitty]
cristão	kristillinen	[kristillinen]
catolicismo (m)	Katolilaisuus	[katolilajsu:s]
católico (m)	katolilainen	[katolilajnen]
católico	katolinen	[katolinen]
protestantismo (m)	Protestanttisuus	[protestanttisu:s]
Igreja (f) Protestante	Protestanttinen Kirkko	[protestanttinen kirkko]
protestante (m)	protestantti	[protestantti]
ortodoxia (f)	Ortodoksisuus	[ortodoksisu:s]
Igreja (f) Ortodoxa	Ortodoksinen Kirkko	[ortodoksinen kirkko]
ortodoxo (m)	ortodoksi	[ortodoksi]
presbiterianismo (m)	Presbyteriaaninen kirkko	[presbyteria:nen kirkko]
Igreja (f) Presbiteriana	Presbyteerikirkko	[presbyte:ri kirkko]
presbiteriano (m)	presbyteeri	[presbyte:ri]
Igreja (f) Luterana	Luterilainen Kirkko	[luterilajnen kirkko]
luterano (m)	luterilainen	[luterilajnen]
Igreja (f) Batista	Baptismi	[baptismi]
batista (m)	baptisti	[baptisti]
Igreja (f) Anglicana	Anglikaaninen Kirkko	[aŋlika:ninen kirkko]
anglicano (m)	anglikaaninen	[aŋlika:ninen]
mormonismo (m)	Mormonismi	[mormonismi]
mórmon (m)	mormoni	[mormoni]

Judaísmo (m)	Juutalaisuus	[ju:talajsu:s]
judeu (m)	juutalainen	[ju:talajnen]
budismo (m)	Buddhalaisuus	[buddhalajsu:s]
budista (m)	buddhalainen	[buddhalajnen]
hinduísmo (m)	Hindulaisuus	[hindulajsu:s]
hindu (m)	hindulainen	[hindulajnen]
Islão (m)	Islam	[islam]
muçulmano (m)	muslimi	[muslimi]
muçulmano	islamilainen	[islamilajnen]
Xiismo (m)	Šiialaisuus	[ʃi:ialajsu:s]
xiita (m)	shiialainen	[ʃi:ialajnen]
sunismo (m)	Sunnalaisuus	[suŋalajsu:s]
sunita (m)	sunnalainen	[suŋalajnen]

196. Religiões. Padres

padre (m)	pappi	[pappi]
Papa (m)	Paavi	[pa:ʋi]
monge (m)	munkki	[muŋkki]
freira (f)	nunna	[nuŋa]
pastor (m)	pastori	[pastorɪ]
abade (m)	apotti	[apotti]
vigário (m)	kirkkoherra	[kirkkoherra]
bispo (m)	piispa	[pi:ispa]
cardeal (m)	kardinaali	[kardina:li]
pregador (m)	saarnaaja	[sa:rna:ja]
sermão (m)	saarna	[sa:rna]
paroquianos (pl)	seurakuntalaiset	[seurakuntalajset]
crente (m)	uskovainen	[uskoʋajnen]
ateu (m)	ateisti	[ateisti]

197. Fé. Cristianismo. Islão

Adão	Aadam	[a:dam]
Eva	Eeva	[e:ʋa]
Deus (m)	Jumala	[jumala]
Senhor (m)	Luoja	[lo:jæ]
Todo Poderoso (m)	Kaikkivoipa	[kajkkiʋojpa]
pecado (m)	synti	[synti]
pecar (vi)	tehdä syntiä	[tehdæ syntiæ]
pecador (m)	syntinen	[syntinen]

pecadora (f)	syntinen	[syntinen]
inferno (m)	helvetti	[heluetti]
paraíso (m)	paratiisi	[parati:isi]

Jesus	Jeesus	[je:sus]
Jesus Cristo	Jeesus Kristus	[je:sus kristus]

Espírito (m) Santo	Pyhä henki	[pyhæ heŋki]
Salvador (m)	Pelastaja	[pelastaja]
Virgem Maria (f)	Jumalanäiti	[jumalaŋæjti]

Diabo (m)	perkele	[perkele]
diabólico	perkeleen	[perkele:n]
Satanás (m)	saatana	[sa:tana]
satânico	saatanallinen	[sa:tanallinen]

anjo (m)	enkeli	[eŋkeli]
anjo (m) da guarda	suojelusenkeli	[suojeluseŋkeli]
angélico	enkelin	[eŋkelin]

apóstolo (m)	apostoli	[apostoli]
arcanjo (m)	arkkienkeli	[arkkieŋkeli]
anticristo (m)	antikristus	[antikristus]

Igreja (f)	kirkko	[kirkko]
Bíblia (f)	raamattu	[ra:mattu]
bíblico	raamatullinen	[ra:matullinen]

Velho Testamento (m)	Vanha testamentti	[uanha testamentti]
Novo Testamento (m)	Uusi testamentti	[u:si testamentti]
Evangelho (m)	Evankeliumi	[euaŋkeliumi]
Sagradas Escrituras (f pl)	Pyhä Raamattu	[pyhæ ra:mattu]
Céu (m)	Taivas	[tajuas]

mandamento (m)	käsky	[kæsky]
profeta (m)	profeetta	[profe:tta]
profecia (f)	profetia	[profetia]

Alá	Allah	[allah]
Maomé	Muhammad	[muhammad]
Corão, Alcorão (m)	Koraani	[kora:ni]

mesquita (f)	moskeija	[moskeja]
mulá (m)	mullah	[mullah]
oração (f)	rukous	[rukous]
rezar, orar (vi)	rukoilla	[rukojlla]

peregrinação (f)	pyhiinvaellus	[pyhi:inuaellus]
peregrino (m)	pyhiinvaeltaja	[pyhi:inuaeltaja]
Meca (f)	Mekka	[mekka]

igreja (f)	kirkko	[kirkko]
templo (m)	temppeli	[temppeli]
catedral (f)	tuomiokirkko	[tuomiokirkko]
gótico	goottilainen	[go:ttilajnen]
sinagoga (f)	synagoga	[synagoga]

mesquita (f)	moskeija	[moskeja]
capela (f)	kappeli	[kappeli]
abadia (f)	katolinen luostari	[katolinen luostari]
convento (m)	nunnaluostari	[nuŋa luostari]
mosteiro (m)	munkkiluostari	[muŋkki luostari]
sino (m)	kello	[kello]
campanário (m)	kellotorni	[kellotorni]
repicar (vi)	soittaa	[sojtta:]
cruz (f)	risti	[risti]
cúpula (f)	kupoli	[kupoli]
ícone (m)	pyhäinkuva	[pyɦæjŋkuʋa]
alma (f)	henki	[heŋki]
destino (m)	kohtalo	[kohtalo]
mal (m)	paha	[paha]
bem (m)	hyvä	[hyʋæ]
vampiro (m)	vampyyri	[ʋampy:ri]
bruxa (f)	noita	[nojta]
demónio (m)	demoni	[demoni]
espírito (m)	henki	[heŋki]
redenção (f)	sovitus	[soʋitus]
redimir (vt)	sovittaa	[soʋitta:]
missa (f)	jumalanpalvelus	[jumalanipalʋelus]
celebrar a missa	toimittaa	[tojmitta:
	jumalanpalvelus	jumalanpalʋelus]
confissão (f)	rippi	[rippi]
confessar-se (vr)	ripittäytyä	[ripittæytyæ]
santo (m)	pyhimys	[pyhimys]
sagrado	pyhä	[pyɦæ]
água (f) benta	pyhitetty vesi	[pyhitetty ʋesi]
ritual (m)	rituaali	[ritua:li]
ritual	rituaalinen	[ritua:linen]
sacrifício (m)	uhraus	[uhraus]
superstição (f)	taikausko	[tajkausko]
supersticioso	taikauskoinen	[tajkauskojnen]
vida (f) depois da morte	haudantakainen elämä	[haudantakajnen eʎæmæ]
vida (f) eterna	ikuinen elämä	[ikujnen eʎæma]

TEMAS DIVERSOS

198. Várias palavras úteis

ajuda (f)	apu	[ɑpu]
barreira (f)	este	[este]
base (f)	pohja	[pohʰjɑ]
categoria (f)	kategoria	[kɑtegoriɑ]
causa (f)	syy	[syː]
coincidência (f)	yhteensattuma	[yhteːnsɑttumɑ]
coisa (f)	esine	[esine]
começo (m)	alku	[ɑlku]
cómodo (ex. poltrona ~a)	mukava	[mukɑʋɑ]
comparação (f)	vertailu	[ʋertɑjlu]
compensação (f)	korvaus	[korʋɑus]
crescimento (m)	kasvu	[kɑsʋu]
desenvolvimento (m)	kehitys	[kehitys]
diferença (f)	erotus	[erotus]
efeito (m)	teho	[teho]
elemento (m)	aines	[ɑjnes]
equilíbrio (m)	tase	[tɑse]
erro (m)	erehdys	[erehdys]
esforço (m)	ponnistus	[poɲistus]
estilo (m)	tyyli	[tyːli]
exemplo (m)	esimerkki	[esimerkki]
facto (m)	tosiasia	[tosiɑsiɑ]
fim (m)	päättyminen	[pæːttyminen]
forma (f)	muoto	[muoto]
frequente	usea	[useɑ]
fundo (ex. ~ verde)	tausta	[tɑustɑ]
género (tipo)	laji	[lɑjɪ]
grau (m)	aste	[ɑste]
ideal (m)	ihanne	[ihɑɲe]
labirinto (m)	labyrintti	[lɑbyrintti]
modo (m)	keino	[kejno]
momento (m)	hetki	[hetki]
objeto (m)	kohde	[kohde]
obstáculo (m)	este	[este]
original (m)	alkuperäiskappale	[ɑlkuperæjskɑppɑle]
padrão	standardi-	[stɑndɑrdi]
padrão (m)	standardi	[stɑndɑrdi]
paragem (pausa)	väliaika	[ʋæliɑjkɑ]
parte (f)	osa	[osɑ]

partícula (f)	hiukkanen	[hiukkanen]
pausa (f)	tauko	[tauko]
posição (f)	asema	[asema]
princípio (m)	periaate	[peria:te]
problema (m)	ongelma	[oŋelma]
processo (m)	prosessi	[prosessi]
progresso (m)	edistys	[edistys]
propriedade (f)	ominaisuus	[ominajsu:s]
reação (f)	reaktio	[reaktio]
risco (m)	riski	[riski]
ritmo (m)	tempo	[tempo]
segredo (m)	salaisuus	[salajsu:s]
série (f)	sarja	[sarʰja]
sistema (m)	järjestelmä	[jærʰjestelmæ]
situação (f)	tilanne	[tilaŋe]
solução (f)	ratkaisu	[ratkajsu]
tabela (f)	taulukko	[taulukko]
termo (ex. ~ técnico)	termi	[termi]
tipo (m)	tyyppi	[ty:ppi]
urgente	pikainen	[pikajnen]
urgentemente	pikaisesti	[pikajsesti]
utilidade (f)	hyöty	[hyøty]
variante (f)	toisinto	[tojsinto]
variedade (f)	valikoima	[ʋall kojma]
verdade (f)	tosiasia	[tosiasia]
vez (f)	vuoro	[ʋuoro]
zona (f)	vyöhyke	[ʋyøhyke]

www.ingramcontent.com/pod-product-compliance
Lightning Source LLC
LaVergne TN
LVHW051346080426
835509LV00020BA/3308